# DÉMOLIR LES MYTHES ANTI-VAX !

UNE SATIRE HILARANTE DES CONFINEMENTS, DES EXPERTS & DE LA FOLIE COVID

PROF. OISÍN MACAMADÁIN (EXPERT)

THE TERMONFECKIN INSTITUTE OF EXPERTISE

# TABLE DES MATIÈRES

Première publication en 2025.

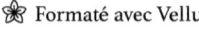

❀ Formaté avec Vellum

*Pour le Dr B.*

# ÉLOGES POUR PROF. OISÍN MACAMADÁIN (EXPERT)

'Enfin! Un livre pour *vraiment* 'faire chier' les anti-vax. Je l'adore!'

**Président Macaroni**

'Et le Prof. MacAmadáin n'a jamais été un jeune leader du WEF? C'est à peine croyable – voici quelqu'un qui 'comprend vraiment'!'

**Santa Klaus**

'Attendez, suis-je dans ce livre? Laissez-moi m'assurer que mes cheveux sont parfaits.'

**Président Trudy-Wudy**

'Ouf, c'était un peu inquiétant un instant.... Dieu merci pour Oisín.'

**PDG de Pfizzle**

'La crème de la société irlandaise a eu droit à la sagesse de mon collègue Oisín dans les pages de *The Oirish Times* presque tous les jours ces deux dernières années. Qu'il couche maintenant ses pensées dans un livre est simplement la cerise sur le gâteau. Nous, les Irlandais, sommes vraiment les meilleurs en tout et notre réponse à la pandémie le démontre réellement. Le livre d'Oisín encapsule cette vérité merveilleusement.'

**Gubnet O'Foole, correspondant résident du *Oirish Times***

'Extrêmement intelligent, érudit, perspicace. Un véritable polymathe...l'expert des experts. Que ferions-nous sans lui?'

**L'auteur**

# PRÉFACE - DR ANTHONY FAUCET

Je n'oublierai jamais la première fois que j'ai rencontré le Professeur Oisín MacAmadáin. Non seulement son charmant accent irlandais m'a totalement conquis, mais j'ai su à cet instant précis que c'était un homme dont l'expertise me serait un jour indispensable.

Cependant, je dois admettre que lorsque j'ai reçu une invitation à l'inauguration du Termonfeckin Institute of Expertise (T.I.E.), j'hésitais à accepter. À ma grande honte, je n'avais en fait jamais entendu parler de la métropole irlandaise animée de Termonfeckin dans le magnifique comté de Louth, mais quand j'ai lu davantage sur la vision que le Professeur Oisín MacAmadáin avait pour cet endroit, eh bien, j'ai su que je devais absolument le rencontrer.

Le Termonfeckin Institute of Expertise est, littéralement, exceptionnel dans son propre domaine, et quel domaine ! Les magnifiques vues de la rivière Boyne au loin et le bétail broutant des boutons d'or juste en face — on ne pourrait vraiment pas avoir un environnement plus propice à l'éducation. De plus, si l'on en croit son site web (et je ne vois aucune raison de ne pas le faire), le T.I.E. est rapidement devenu l'un des principaux instituts d'enseignement au monde. C'est d'autant plus remarquable qu'il ne compte qu'un seul membre du corps professoral. Oui, vous l'avez deviné : le Professeur Oisín MacAmadáin lui-même, Prévôt, Chef de Département et Conférencier, une véritable Trinité de sagesse et d'éducation s'il en fut.

Et son sujet est simplement l'expertise elle-même. Quoi qu'il entreprenne, il le saisit d'une manière que personne d'autre ne peut. Il est bien trop modeste pour l'admettre lui-même, mais cet homme est clairement un génie absolu.

Et c'est pourquoi, lorsque le monde a été frappé par la plus grande menace qu'il ait jamais connue sous la forme du Covid-19, j'ai su que c'était l'homme que je devais appeler. Sans surprise, Oisín s'est montré serviable. Il a juré qu'il irait au fond de tout ce qui concernait le virus et qu'il partagerait toutes ses découvertes avec moi (bien que je lui aie dit de ne pas trop se soucier de savoir si cela venait d'une chauve-souris, d'un chat, d'un pangolin ou, vous savez, d'un laboratoire ou quelque chose comme ça, nous nous occuperions de cette partie).

J'ai alors été tellement impressionné par tout ce qu'Oisín m'a dit que je l'ai immédiatement nommé conseiller spécial du groupe de travail du gouvernement américain chargé de superviser la pandémie. Je pense que, lorsque vous lirez ce livre, vous pourrez voir clairement comment la pensée aiguisée d'Oisín a influencé la réponse aux États-Unis et, par conséquent, dans la majeure partie du monde. Vraiment, nous avons beaucoup à être reconnaissants envers les experts, et personne plus que le Professeur MacAmadáin.

Mais ce livre en particulier n'est pas tant axé sur les excellentes politiques de santé anti-Covid que des personnalités comme le Professeur MacAmadáin ont élaborées pour nous tous. Au contraire, dans ce livre, il nous rend à tous le grand service de dissiper les dangereux mythes anti-vaccins qui circulent si pernicieusement en ligne. Lisez-le à vos amis, lisez-le à vos proches et lisez-le à vous-même lorsque vous êtes dans la salle d'attente pour votre 7$^{e}$ dose de rappel. C'est un livre à savourer : je ne peux que vous le recommander de tout cœur.

Sincèrement,
Dr. Anthony Faucet

# INTRODUCTION

Je m'appelle Prof. Oisín MacAmadáin et je suis un expert.

J'ai écrit ce livre pour contrecarrer les contrevérités manifestes qui sont propagées partout par les théoriciens du complot concernant la plus grande crise que notre monde ait jamais affrontée.

Cette désinformation est propagée par des extrémistes parmi nous. En particulier, elle est propagée par des théoriciens du complot, des activistes d'extrême droite, des activistes encore plus à droite que ces activistes, et des activistes si extrêmement à droite qu'ils font le pas de l'oie dans leur sommeil. Ces personnes prétendent se soucier d'idéaux tels que la démocratie, la liberté d'expression et le débat scientifique ouvert. Eh bien, Hitler a dit qu'il se souciait de ce genre de choses aussi. Ou du moins je crois qu'il l'a fait. Je n'étais pas vraiment attentif à cette leçon à l'école, mais le fait est que ces gens sont dangereux et DOIVENT être réduits au silence. Sur ce point, je suis sûr que nous pouvons tous être d'accord.

C'est pourquoi j'ai écrit ce livre. J'ai mis à profit mes

nombreuses années d'expertise et toutes les compétences en pensée critique que j'ai développées au cours de ma longue et incroyablement distinguée carrière pour présenter des arguments irréfutables contre les affirmations extravagantes que les négationnistes du Covid avancent. Le but est de vous aider à faire taire ces lunatiques une fois pour toutes. Ensuite, nous pourrons tous revenir à la SÉCURITÉ, à la vaccination de TOUS (humains et non-humains), à la vaccination de tous ENCORE (plusieurs fois, en fait) et à redoubler d'efforts pour éliminer cette horrible maladie POUR TOUJOURS.

Pour paraphraser quelqu'un qui aurait sans aucun doute été du bon côté de cette bataille (car il reconnaîtrait que cette crise actuelle est bien pire que celle qu'il a affrontée, et Dieu me pardonne mais je n'arrive pas à croire que j'utilise un Britannique ici pour donner un exemple, mais voici ce que ça donne) :

'Nous irons jusqu'au bout, nous combattrons ce virus partout où il se trouvera et dans toutes ses milliers de variations, maintenant et dans les siècles à venir. Nous le combattrons sur les mers et les océans (car on ne sait jamais où il pourrait surgir ensuite). Nous le combattrons avec une confiance croissante dans les airs (ou peut-être simplement arrêterons-nous tout voyage aérien, sauf pour les très riches et les politiciens, bien sûr, mais ils devront porter des masques, du moins lorsqu'ils seront photographiés), nous défendrons notre île, quel qu'en soit le coût, nous le combattrons sur les plages (eh bien, vous ne pouvez pas aller à la plage à moins qu'elle ne se trouve à moins de 5 km de votre domicile, c'est-à-dire), nous le combattrons dans les champs (mais seulement lors de votre exercice quotidien et pas à d'autres moments) et dans les rues (que diable feriez-vous dans les rues ?!) ; nous ne nous rendrons jamais, et même si, ce que je ne crois pas un instant, cette île était subjuguée et affamée, alors le reste de nos camarades dans les gouvernements du monde entier poursuivrait la lutte, jusqu'à ce que le Nouvel Ordre Mondial, avec toute sa puissance et sa force, s'avance pour le sauvetage et la libération de l'ancien.'

Je suis sûr que Winston approuverait la manière dont je me suis inspiré de ses mots ici.

Je voudrais profiter de cette occasion pour remercier mon éditrice, Máire Ní Fheadair, l'unique et éternelle étudiante diplômée du Termonfeckin Institute of Expertise, d'avoir posé son regard (assez) expert sur le texte. Bien sûr, nous ne pouvons pas tous tout faire correctement et donc toutes les erreurs laissées dans ce livre sont de sa seule responsabilité.

Je voudrais également dédier ce livre à mon père, un homme qui n'était vraiment pas un imbécile, et qui a repéré ma propre perspicacité intellectuelle dès mon jeune âge. Comme il est triste que je ne puisse pas te dire en personne, Papa, qu'hier encore j'ai reçu un appel d'une grande entreprise de médias sociaux me demandant de diriger leur département de vérification des faits... oh, si seulement tu pouvais être ici avec moi maintenant... eh bien, je te le dirai au téléphone plus tard et, bien sûr, on ne sait jamais, peut-être qu'ils te laisseront sortir plus tôt que nous ne le pensons. En tout cas, chaque jour, je fais de mon mieux pour rendre justice à l'ADN MacAmadáin.

Enfin, merci à ma chère épouse. Combien de fois nous nous sommes réconfortés l'un l'autre au cours des dernières années et quelles périodes difficiles nous avons traversées. Mais même lorsque nous pensions qu'il n'y avait plus de séries à regarder sur Netflix, bien sûr, n'en avons-nous pas toujours trouvé une de plus ? Tout mon amour à toi, ma chérie, ma chère Assumpta.

Cela dit, j'espère que ce livre vous aidera tous à vous armer dans la grande lutte contre la désinformation qui se propage dans les régions obscures d'internet !

Cordialement et s'il vous plaît, pour l'amour de Dieu, restez extrêmement en sécurité,

Prof. Oisín MacAmadáin

Pour les demandes des médias, veuillez écrire à : <oisin macamadain@icloud.com>

1

# CHAPITRE 1: DÉTRUIRE LES MYTHS NÉGATIONNISTES DU COVID!

Eh bien, pour démarrer ce livre, nous allons nous attaquer à certains des mensonges les plus flagrants que les négationnistes du Covid répandent sur le virus, vous savez, des choses comme ses origines soi-disant douteuses, son taux de létalité par infection « pas si grave » (!) ou l'idée que les confinements ne sont finalement pas la meilleure idée ... mais avant de nous lancer dans cette démolition de mythes, commençons ce chapitre sur une note plus positive et rappelons-nous d'abord les premiers jours de la pandémie, lorsque l'histoire du monde a changé à jamais et pour le mieux ....

## LEÇONS DE CHINE

Nous avons tous beaucoup à remercier les Chinois. Car ce sont eux qui nous ont d'abord alertés sur la gravité mortelle de ce virus.

Je n'oublierai jamais les vidéos venues de Chine aux premiers jours, l'une montrant un homme traversant une place bondée, éternuant, puis lui et tous ceux qui l'entouraient tombant raides morts. Ou cette vidéo d'un petit village juste à l'extérieur de Wuhan qui montrait des centaines de cadavres picorés par des corbeaux dans la brume et du personnel médical en combinaisons Hazmat cherchant désespérément, et en vain, à trouver une seule personne qui pourrait encore être en vie.

Et non seulement ils nous ont montré à quel point cette maladie est grave, mais ils nous ont montré exactement la meilleure façon de la gérer. En effet, parfois en science, il faut une pensée courageuse et nouvelle pour déboulonner les anciennes façons de voir les choses ... vous savez, de véritables moments à la Da Vinci. Et c'est exactement ce que la Chine a réalisé en instaurant un couvre-feu à Wuhan, en l'encerclant de chars et de l'armée, et en tirant sur quiconque osait quitter son domicile. Pourquoi nous n'avons pas toujours traité les virus respiratoires de cette manière, je ne le saurai jamais, mais quel que soit le type qui a eu cette idée mérite un prix Nobel, sans aucun doute.

Et ainsi le monde a regardé, il a écouté puis il a copié et, franchement, nous n'avons jamais regardé en arrière. De cette manière, la pensée scientifique a été élevée à des sommets auparavant inimaginables grâce au génie chinois.

Mais il était, je dois le dire, loin d'être certain que l'approche chinoise serait adoptée partout. Un moment clé a été lorsque le Covid a atteint l'Italie ... bien sûr, comment cette bande d'ultra-sociables allait-elle s'y prendre ? Eh bien, ils ont regardé le travail de premier ordre qui se faisait à Wuhan et ont décidé, comme le dit le vieil adage, de ne pas regarder la bride du cheval de Troie : « Tous les citoyens doivent désormais rester à l'intérieur et à partir de maintenant ne chanter leurs arias et opérettes que depuis leurs balcons ! » a chanté le ministre de la Santé. Pour moi personnellement, ce fut un moment spécial dans l'histoire de la science car cela rendait d'autant plus probable que le reste de l'Europe ferait preuve d'un peu de bon sens et suivrait la stratégie de confinement de la Chine (bien que si je pouvais être critique sur une chose et je déteste vraiment l'être, mais, avec le recul, le gouvernement italien n'a clairement pas apprécié la distance que les gouttelettes chargées de Covid sont capables de parcourir une fois expulsées par les poumons bien entraînés d'une soprano ou d'un baryton ... nous ne pouvons que leur pardonner, même Virgile hoche la tête ou quoi que ce soit qu'ils disent, et nous ne pouvons qu'espérer que la prochaine fois, les gens seront invités à chanter à l'intérieur et seulement lorsqu'ils sont seuls dans la pièce bien sûr).

Ok, donc l'Italie s'est lancée et tous les regards se sont alors tournés vers le Royaume-Uni et vers un certain Prof. Neil Ferguson de l'Imperial College de Londres et conseiller spécial du gouvernement. Expert modélisateur, il a appliqué son esprit entraîné à la question de savoir combien de personnes le Covid tuerait au Royaume-Uni et, en bref, sa conclusion fut que ce serait un nombre plutôt énorme. Et donc, afin de prévenir ce scénario désastreux, il savait qu'un confinement serait nécessaire. Mais comment persuader le public britannique ? Eh bien, si le gouvernement italien pouvait s'en sortir, pourquoi Johnson et Cie ne le pourraient-ils pas ? Et il a donc conseillé à Boris de suivre le scénario (en effet, l'homme avait jusque-là été à la Churchill sur la nécessité de garder son calme et de continuer ou quelque chose du genre). Heureusement, pour une fois, Boris a eu la capacité de reconnaître une intelligence supérieure à la sienne et le Royaume-Uni s'est donc confiné sérieusement.

Et, je suis heureux de le dire, n'avons-nous pas aussi, à

l'Institut d'Expertise de Termonfeckin, apporté notre propre contribution à la nécessité évidente de confinements ? Or, nos modèles étaient encore plus prudents que ceux du Prof. Ferguson (aussi brillant soit-il, bien sûr) et je vous invite tous à lire notre article facilement trouvable en ligne (son titre est « La prochaine grande famine d'Irlande : Préparer la catastrophe imminente du Covid »). Mais l'essentiel est que nous avons prédit que des quartiers entiers de Cork, Galway et Dublin seraient anéantis et qu'un confinement était absolument et totalement essentiel. Heureusement, le gouvernement a écouté et a confiné, et le jour de la Saint-Patrick, pas moins. En effet, nous, au T.I.E., restons fiers de notre rôle dans la réponse de l'Irlande au Covid. (Il serait cependant négligent de ne pas noter que nous croyons toujours fermement que le gouvernement aurait dû également suivre nos conseils pour le transfert immédiat et généralisé des populations urbaines vers des camps socialement distanciés dans les Midlands, mais, bien sûr, nous veillerons à faire pression pour cela la prochaine fois.)

En tout état de cause, que ce soit grâce à la Chine, à l'Italie, à Ferguson ou même au travail de votre serviteur, partout ailleurs, du Pérou au Maroc, de l'Allemagne au Turkménistan, on a à peu près suivi le mouvement. En effet, les gens savent sûrement reconnaître une bonne chose si on la leur claque assez fort au visage ... et heureusement, la plupart des gens savaient que le confinement était une bonne chose et qu'il sauverait d'innombrables vies. Ouf, nous avons échappé de peu à une catastrophe !

## LA DÉCLARATION DU GREAT BARRINGTON

Et je veux vraiment dire que nous avons échappé de peu à une catastrophe car, bizarrement, tous les scientifiques ne semblent pas s'accorder sur le fait que les confinements ont sauvé d'innombrables vies et qu'en serait-il si cette bande d'idiots avait mené la danse… pas exactement les plus brillants, n'est-ce pas ? Je veux dire, les confinements égalent moins de cas, ce qui égale moins de décès… c'est tellement évident, même un tout-petit pourrait le comprendre. Mais ce livre parle de la lutte contre la désinformation et donc… passons à la démolition de ses tout premiers mythes !

Maintenant, l'une des façons dont les négationnistes du Covid aiment ajouter de la respectabilité à leurs opinions est de suggérer que des experts prestigieux considèrent les confinements comme une grosse erreur. Oh, mais qu'en est-il de la Déclaration de Great Barrington, s'écrient-ils, faisant référence à une petite réunion de quelques « scientifiques » de salon et totalement marginaux qui, pour autant que je sache, pensent que la meilleure approche face au Covid est d'encourager délibérément les épidémies de la maladie dans les maisons de retraite du monde entier. Eh bien, ils ne diraient pas cela, bien sûr, mais alors, à quoi d'autre vous attendriez-vous d'eux ?

Alors, de quoi s'agit-il, cette Déclaration de Great Barrington ? Il y a trois principaux protagonistes à blâmer : le Prof. Jay Bhattacharya (Professeur de Médecine, Université de Stanford), la Prof. Sunetra Gupta (Professeure d'Épidémiologie Théorique, Oxford) et le Prof. Martin Kulldorff (Professeur de Médecine, Harvard jusqu'en 2021). Maintenant, vous pourriez bien penser « Oh mais Oisín, ces gens ont l'air terriblement distingués, ne devrions-nous pas écouter ce qu'ils ont à dire ? » Honnêtement, les amis, réfléchissez mieux, car, comme toujours, le diable est dans les détails. Par exemple, je doute fort que les Stanford, Oxford ou Harvard en question soient les institutions que nous associerions normalement à ces noms. En effet, comment savons-nous qu'il ne s'agit pas simplement de petits collèges en difficulté dans les banlieues de ces villes qui ont décidé de s'accrocher aux noms de leurs prestigieux voisins éducatifs dans l'espoir d'attirer des étudiants chinois sans méfiance ? Vous savez, un peu comme quand vous prenez Ryanair et que vous pensez aller dans une grande ville pour découvrir une fois atterri que vous êtes en fait dans un trou perdu à deux heures de là où vous pensiez aller. Le Prof. Bhattacharya ne le dira pas clairement, mais je parie que c'est en fait un membre du corps professoral de Stanford Polytechnic.

Alors, quel genre d'idées d'extrême droite cette bande propage-t-elle ? Décortiquons-les !

En gros, ils parlent d'un soi-disant modèle de « protection ciblée » ... protéger les personnes vulnérables à la maladie, les personnes âgées et les comorbidités, et autrement laisser la vie continuer normalement pour le reste d'entre nous. Mon Dieu, est-ce cela qui passe pour de la pensée scientifique de nos jours ?! Tout cela me semble intrinsèquement discriminatoire et âgiste. Oh, alors confiner toutes nos grands-mères pendant que tout le monde continue sa vie normalement, c'est ça ? Nous vivons dans des sociétés où l'ÉGALITÉ compte et si nous laissons une pandémie virale détruire les principes qui nous sont chers, alors qu'est-ce que cela dirait de nous ? Si grand-mère reste à la maison, alors nous aussi, et c'est tout.

Et comment savons-nous même que leur stratégie rend nos grands-mères plus sûres ? Ces scientifiques marginaux utiliseraient sans doute des arguments comme : « Eh bien, si grand-mère reste à la maison, peu importe vraiment si le reste de la population attrape le virus, n'est-ce pas ? Ce n'est pas comme si le virus pouvait traverser les murs de sa maison ... » Oh mon Dieu ! Comment ces idiots savent-ils si le Covid-19 peut ou non traverser les murs ? S'il peut voyager partout dans le monde depuis la Chine, alors Dieu seul sait de quoi il est capable. Honnêtement, le niveau intellectuel de ces gens.

Il est vraiment préférable de confiner tout le monde, les vieux comme les jeunes. C'est la façon la plus sûre de faire les choses et, pour être honnête, certaines grands-mères pourraient autrement avoir des idées et inviter leurs petits-enfants à prendre le thé ou quelque chose ... vous savez comment elles sont. Il est donc préférable qu'elles sachent avec certitude qu'elles doivent rester EN SÉCURITÉ en restant seules à la maison. Beaucoup d'entre elles sont de toute façon séniles et ont besoin qu'on leur dise quoi faire. N'est-ce pas Gandhi qui a dit que l'on peut juger du degré de civilisation d'une société à la manière dont elle traite ses animaux ? Eh bien, il en va de même pour les personnes âgées, dirais-je, et les maintenir confinées chez elles est clairement dans leur meilleur intérêt.

Non pas qu'elles s'en rendent toujours compte, bien sûr. J'étais dans un taxi l'autre jour et le chauffeur m'a raconté une histoire triste ou autre sur la façon dont le gouvernement ne devrait pas enlever à sa mère de 90 ans le droit de choisir de rencontrer sa famille. C'était son risque à prendre et elle voulait les voir et ainsi de suite. Honnêtement, quel genre de femme est-ce là ?! Je veux dire, je sais pertinemment que si j'avais 90 ans, la dernière chose que je voudrais serait de rencontrer ma famille. Ce serait bien d'avoir enfin une pause d'eux et je serais très reconnaissant au gouvernement de faciliter une telle opportunité.

Bien sûr, je tiens à préciser très clairement que ce n'est pas parce que j'ai parlé du danger mortel que le Covid représente pour les personnes âgées que j'adhère à l'idée anti-vax selon laquelle certaines personnes sont plus en danger que d'autres. Non, laissez-moi être très clair : nous sommes tous très en danger de mourir de cette terrible maladie, du plus jeune au plus âgé. Contrairement à cette bande de Great Barrington, le Covid ne discrimine pas.

Vraiment, que vous soyez vieux ou jeune, il n'y a pas de groupe « sans risque » et donc, pour l'amour de Dieu, restez simplement à l'intérieur. En effet, si nous pouvons conclure quoi que ce soit sur le groupe de Great Barrington, c'est qu'il est sûrement l'incarnation de la brigade « let it rip ! » (trad: « allez, c'est parti! »). Et que signifie « RIP » ? Oui, vous l'avez compris : « Repose en paix ». Honnêtement, les millions qui seraient morts si cette bande avait été aux commandes ... eh bien, c'est trop horrible même à envisager.

Quoi qu'il en soit, malgré tout ce que je viens de dire, je dois admettre que j'étais encore quelque peu préoccupé lorsque j'ai appris l'émergence de ce groupe et j'ai donc immédiatement écrit à mon ami le Dr. Faucet :

"De : Prof. Oisín MacAmadáin (<termonfeckineinstein@termonfeckininstitute.ie>)

À : Dr. Antony Faucet

Objet : GROUPE TRÈS MARGINAL DE SCIENTIFIQUES AUTO-PROCLAMÉS, DANGER !!!

Salut Tony !

Je suis extrêmement préoccupé par l'émergence de la déclaration « Great Barrington » ... ils pourraient saper tous nos efforts ! Ils disent que nous devrions protéger grand-mère et les vulnérables mais laisser tout le monde libre – Mon Dieu, si les gens pouvaient saisir ce genre de pensée nuancée, nous serions perdus ! Faites ce que vous avez à faire ! Publiez une démolition dévastatrice (je peux l'écrire si vous voulez), appelez l'armée, dites aux gens qui contrôlent Joe de lui dire que tout cela est l'œuvre de terroristes !

Pire encore, cette désinformation semble si convaincante que même le lauréat du prix Nobel Michael Levitt a ajouté sa signature ! Je suggère donc que nous rédigions également une démolition dévastatrice et une vérification des faits de tout ce qu'il a fait pour gagner le prix Nobel afin de le faire passer pour un idiot total également.

J'attends avec impatience vos réflexions,

Oisín"

Quoi qu'il en soit, je suis ensuite allé lire le site web de Great Barrington plus en détail, mais pour être honnête, c'était un long festival d'ennui et mes yeux se sont vitrifiés. Donc, heureusement, je ne suis plus si inquiet car je ne pense pas que les gens de nos jours aient la capacité d'attention pour lire ce genre de chicaneries. C'est tout aussi bien car apparemment une nouvelle étude de Stanford (probablement la vraie cette fois, mais qui sait) a montré qu'un nombre égal de scientifiques distingués soutiennent le modèle de « protection ciblée » et celui du confinement, mais que ce dernier groupe a une plus grande portée sur les réseaux sociaux. Il ne cesse de m'étonner de voir comment des idées marginales d'extrême droite peuvent finir par induire en erreur les chercheurs et les amener à adopter des positions qui contredisent la science. Mais, encore une fois, nous vivons vraiment à l'ère de la post-vérité.

Mais tout ce discours sur une déclaration de Great

Barrington m'a fait me demander si je ne devrais pas faire ma propre grande déclaration sur la nécessité évidente des confinements et des choses de cette nature générale. Je pourrais l'appeler « L'Accord de Termonfeckin »... non, je veux quelque chose qui sonne plus grand que ça et j'aime la façon dont ils ont utilisé « Grand », les snobs auto-glorifiants qu'ils sont ... que diriez-vous de « Le Grand Témoignage de Termonfeckin »... hmmm, ça n'a pas de sens mais ça me fait penser à quelque chose de plus biblique comme ... « Le Grand Testament de Termonfeckin »... oui, c'est certainement mieux ! Mais je me demande, je me demande ... ah, oui, parfait ! Et à la fois biblique et convenablement élevé dans son langage : « La Grande Éjaculation de Termonfeckin ». Je vais m'occuper de l'organiser tout de suite et je ne manquerai pas de vous informer de ses conclusions.

## OUI, LES VARIANTS *FONT* PEUR !

Eh bien, si nous pouvons tous nous réjouir de ma grande éjaculation, nous devons passer au mythe suivant que nous devons contrer. En effet, après avoir examiné comment l'approche stellaire chinoise pour combattre ce virus a été adoptée à juste titre par presque partout dans le monde, malgré les plaintes de quelques scientifiques de droite, tournons-nous maintenant pour considérer le virus plus en détail. Il y a tant de choses dont on pourrait parler, mais concentrons-nous, en particulier, sur sa capacité sournoise à muter en un nombre incalculable de variants, ce qui ne fait que souligner sa dangerosité manifestement évidente (bien que, bizarrement, les négationnistes du Covid ne le voient pas de cette façon, mais, encore une fois, c'est pourquoi je suis là !).

En effet, l'autre jour, j'écoutais la radio et la présentatrice se plaignait sans cesse de la durée probable des restrictions. « Nous en sommes au variant Omicron et je ressens juste cette angoisse – il reste encore beaucoup de lettres dans l'alphabet grec avant d'atteindre Oméga ... » a-t-elle dit, entre ses larmes.

Il était choquant pour moi d'entendre ce genre de divagations non scientifiques et sur une chaîne de radio grand public, pas moins. Pense-t-elle honnêtement qu'un virus aussi intelligent que le Covid cessera de varier une fois qu'il aura atteint Oméga ? J'ai eu envie d'appeler et de la remettre à sa place. Après tout, Oméga est peut-être la dernière lettre de l'alphabet grec, mais il existe encore de nombreux autres alphabets sur lesquels le virus peut porter son attention. Que diriez-vous d'une écriture encore plus ancienne que l'alphabet grec, comme le phénicien ? Alep, Bet, Giml, Dalet, He, Waw, Zajin ... J'imagine déjà le reportage de la BBC : « Bienvenue au journal de 21h. Le ministre de la Santé a annoncé aujourd'hui que le premier cas du variant Zajin a été découvert au Royaume-Uni. Margaret, une retraitée vivant à Barnstaple, s'est retrouvée avec le nez qui coule et s'est immédiatement testée. "J'ai été surprise, pour être honnête, d'avoir un cas de Zajin car je pensais être immunisée depuis que j'avais été triplement vaccinée pour Giml l'année dernière." » Personnellement, je ne peux pas prévoir un avenir où le Covid cesserait de varier, alors, après l'alphabet phénicien, pourquoi ne pas utiliser des caractères chinois, en hommage au rôle que cette grande nation a joué dans ses origines ? Le chinois a plus de cinq mille caractères, ce qui nous donnera un peu de répit pendant au moins quelques siècles avant que nous n'ayons à trouver la prochaine écriture à utiliser.

Je dois dire que, pour ma part, je suis content que nous ayons cessé de nommer les variants d'après leur lieu de découverte initial. Nous avons traversé une phase plutôt désagréable, par exemple, en appelant Delta le « variant indien ». Cela a entraîné une augmentation massive du soutien aux partis nationalistes de droite partout dans le monde qui ont fait toutes sortes d'affirmations outrageusement racistes sur le Covid ... « qui vient ici, prend nos lits d'hôpital ... qu'est-ce qui ne va pas avec le rhume anglais, c'est ce que je dis », comme l'aurait dit un ancien conseiller de l'UKIP. J'étais content quand cette absurdité particulière a cessé. Bien sûr, ces UKIPPERS ont goûté à leur propre médecine lorsqu'un variant a été identifié dans le Kent, l'un de leurs bastions. Autant l'appeler « le variant UKIP ». En effet, j'étais ravi quand Macron a ensuite bloqué toutes les arrivées du Royaume-Uni. Après tout, qu'est-ce que Nigel Farage et ses semblables, surtout s'ils toussent et crachent, ont à faire en Europe de toute façon ?

Maintenant, quant à Omicron, j'en ai par-dessus la tête de tous ces négationnistes du Covid qui soulignent que c'est un amalgame (est-ce le bon mot, Ed ?)[1] pour « moronique ». C'est extrêmement offensant pour des experts comme moi. Il n'y a absolument rien de « moronique » dans la réponse du monde à cette pandémie : elle est issue des plus hauts niveaux de pensée scientifique et rationnelle.

En tout état de cause, les anti-vax aiment souligner qu'Omicron est moins virulent et que cela a du sens car, à mesure qu'un virus varie, il a tendance à devenir de moins en moins virulent avec le temps, et alors pourquoi diable prenons-nous si au sérieux quelque chose à ce stade qui n'est pas différent du rhume blah blah blah.

Écoutez, débarrassons-nous une fois pour toutes de cette « un virus devient moins virulent avec le temps, c'est des conneries ». Même si c'était vrai, nous devrions tous prendre le Covid très au sérieux. Par exemple, disons qu'au moment où nous arrivons à la fin de l'alphabet phénicien, le virus est si bénin qu'il est non seulement toujours totalement asymptomatique mais qu'il confère même des bienfaits pour la santé, eh bien, le fait est que c'est toujours le Covid et vous ne savez jamais ce qu'il pourrait faire ensuite. Bien sûr, un instant vous pourriez attraper une souche bénigne, ne vous être jamais senti mieux, faire beaucoup de travail, etc., et l'instant d'après, un nouveau variant arrive avec le taux de létalité d'Ebola et vous et tous ceux que vous connaissez tombez raides morts. Je ne dis pas que cela arrivera définitivement, mais le Covid est une bête sournoise et donc vous ne savez jamais ce qu'il va concocter ensuite ... il est toujours préférable d'être prudent.

En effet, l'autre jour, n'ai-je pas lu quelque chose qui semblait encore plus effrayant qu'un variant ? « Grippurona », l'ont-ils appelé, une combinaison croisée de Covid et de grippe standard. Absolument terrifiant. Ce n'est plus qu'une question de temps avant qu'il n'y ait une épidémie de Poliorona ou même de Leperona, et alors nous serons tous vraiment et royalement foutus.

Quoi qu'il en soit, j'espère avoir illustré à quel point l'émergence de tous ces variants est grave et très effrayante. En fait, lorsque ces négationnistes du Covid les appellent avec moquerie « scariants » (trad: les choses qui nous font peur), l'ironie est qu'ils disent, enfin, la vérité.

Après avoir examiné les variants et le genre de mensonges que les dingues répandront à leur sujet, passons maintenant à toute une série d'autres mythes typiques sur le Covid. En effet, il n'est pas nécessaire de chercher longtemps dans la sphère des fous pour voir des affirmations selon lesquelles le virus est saisonnier ou que l'immunité naturelle peut repousser la maladie ou même que la charge virale à laquelle quelqu'un est exposé a de l'importance. Quand je réfléchissais à la manière de combattre ces idées pernicieuses dans ce livre, je me suis souvenu qu'à mi-parcours de la pandémie, j'avais fait une séance de questions-réponses sur Zoom avec certains des résidents locaux de Termonfeckin au cours de laquelle toutes ces notions erronées ont malheureusement refait surface. J'ai donc simplement collé une transcription de cette session ici, car, en soi, elle peut réussir à dissiper de telles perspectives erronées ....

## UNE SÉANCE DE QUESTIONS-RÉPONSES AVEC OISÍN

"Oisín : Bonsoir tout le monde ... ravi de vous voir tous. Alors, si on commençait tout de suite et que celui qui veut poser la première question, se lance ....

Q : Bonjour Prof. MacAmadáin, Miriam O'M. ici. J'espère que vous allez bien. Euh ... je me demandais juste quelles informations nous avons maintenant sur le dernier taux de létalité par infection. J'écoutais le Prof. Ioannidis et ....

Oisín : Professeur qui ? Jamais entendu parler de lui ! J'espère que vous obtenez vos informations de sources fiables, Miriam ?

Miriam : Eh bien, il semblait assez réputable, Prof. MacAmadáin, mais, bien sûr, vous seriez le mieux placé pour juger ses idées. Quoi qu'il en soit, il vient de publier un article « Le taux de létalité par infection du Covid-19 inféré des données de séroprévalence » et ....

Oisín : Oh mon Dieu, il y en a toujours un, n'est-ce pas ? Et il fallait que ce soit la toute première question !

Miriam : Je suis désolée Prof. MacAmadáin ?

Oisín : Continuez !

Miriam : Ok, eh bien, il suggère que le taux de létalité médian par infection est d'environ 0,27% ... qu'en pensez-vous ?

Oisín : Absolument n'importe quoi ! À l'Institut d'Expertise de Termonfeckin, nous avons calculé que l'IFR était plus proche de 34%. Tenez-vous-en aux sources officielles uniquement, Miriam ! Hmmmm, pas le meilleur début. Question suivante ?

Q. Sandra B. ici, Prof. MacAmadáin, la fleuriste locale. Évidemment mon magasin est fermé mais pour la réouverture, je me demandais si vous pensiez que le Covid pouvait se cacher dans les fleurs ?

Oisín : Oh génial, ça c'est plus le genre de question que nous recherchons ce soir, les amis ... Oui, il peut se cacher absolument partout, Sandra, alors je vous recommande, pour éviter que vos pétunias ne fassent le travail de la Grande Faucheuse, de rester fermée jusqu'à ce que tout le monde à Termonfeckin soit au moins quadruplement vacciné.

Q. Salut Prof. MacAmadáin, Maureen R. ici, nous nous sommes rencontrés à la course de tracteurs de Termonfeckin il y a quelques années ....

Oisín : Oh bien sûr, je m'en souviens bien, Maureen. Votre mari n'a-t-il pas eu une médaille ce jour-là ?

Maureen : Eh bien, il n'a pas fait la meilleure course en fait Prof. MacAmadáin, bien sûr, son tracteur n'a même jamais réussi à démarrer. Mais bref, Prof. MacAmadáin, je voulais vous demander ... euh, j'étais ravie de recevoir toutes mes vaccinations, bien sûr, mais je dois dire que le lendemain de ma 3ème injection j'ai eu, eh bien, une petite crise cardiaque je suppose qu'on pourrait appeler ça, juste une toute petite, rien d'extraordinaire vraiment. Je suppose que c'est assez improbable mais pensez-vous que cela aurait pu, peut-être, être le v ....

*Maureen R. a été déconnectée.*

Oisín : Oh là là, nous semblons avoir perdu Maureen, mais c'est probablement aussi bien car je ne suis vraiment pas sûr où elle voulait en venir avec cette question. Suivant ?

Q : Salut Prof. MacAmadáin, Joan ici, eh bien, contrairement à la dernière oratrice, je ne suis pas une anti-vax, je suis heureuse de le dire et je souhaite juste souligner à quel point je trouve ces vaccins merveilleux. Maintenant, j'ai eu cinq injections au total, alors quand j'ai eu le Covid récemment, je savais que j'irais bien. En effet, je suis restée calme quand je suis devenue hypoxique et que mon mari a dû appeler l'ambulance. Je suis ensuite restée optimiste tout au long de mon trajet en ambulance même quand j'ai commencé à présenter les premiers signes de détresse respiratoire. Et bien sûr, quand je suis arrivée à l'hôpital et que j'ai été immédiatement mise sous respirateur, toutes les infirmières n'ont-elles pas commenté ma disposition joyeuse. Et, me voici, Prof. MacAmadáin et vous tous, en vie pour raconter l'histoire et si je suis encore là, c'est grâce aux vaccins. Vraiment, je me dis tous les jours : « Joan, ça aurait pu être tellement pire ».

Oisín : Merci d'avoir partagé cette histoire très émouvante, Joan. De même, j'ai un bon ami à Dublin dont le père entièrement vacciné est décédé du Covid. Il m'a également dit à quel point il savait que ça aurait pu être pire. Question suivante ?

Q. Dia dhuit, Prof. MacAmadáin. C'est Patricia. Je voulais poser une question sur l'été. Ai-je raison de penser que le virus est saisonnier ? Pouvons-nous être moins préoccupés par lui en été et peut-être quitter la maison une ou deux fois, même si ce n'est que pour le jardin arrière ?

Oisín : Puisque notre gouvernement a instauré le port obligatoire du masque en plein été, comment pouvez-vous même poser cette question ?! Pensez-vous qu'ils l'auraient fait s'ils ne pensaient pas que le Covid était aussi mortel en été qu'à tout autre moment ???

Patricia : Oh, je suis désolée, Prof. MacAmadáin, quelle stupidité de ma part ...

Oisín : Exactement. Quant à votre jardin, vous pouvez y aller mais portez votre masque. Question suivante ?

Q. Bonsoir, Prof. MacAmadáin. Je m'appelle Sheila L. et je suis naturopathe locale. Je me demandais ce que nous pourrions faire pour améliorer notre immunité naturelle ? Par exemple, une supplémentation en vitamine D ?

Oisín : Une supplémentation en vitamine D ?! Oh, bien sûr, pourquoi ne pas faire comme Donald Trump et nous dire à tous de boire de l'eau de Javel pendant que vous y êtes ?! Honnêtement, je commence vraiment à me demander si j'aurais dû faire cette séance de questions-réponses compte tenu du genre de questions que je reçois. Sans doute pensez-vous aussi que vos cristaux guériront le Covid ... suivant !

Q. Salut, Prof. MacAmadáin, Sinead H. ici. Merci beaucoup de partager votre expertise avec nous tous ce soir. Pour ma part, j'ai toujours été ravie d'avoir votre Institut dans notre charmante ville et j'espère y envoyer mon propre fils à l'université. Quoi qu'il en soit, Prof. MacAmadáin, ce que je me demandais, c'est ... si nous sommes asymptomatiques, quelle est la probabilité que nous puissions infecter quelqu'un d'autre sans le savoir ?

Oisín : Je suis très surpris que vous vous préoccupiez simplement de savoir si vous pouvez « infecter » quelqu'un ou non. La manière la plus pertinente de poser votre question serait clairement : « Puis-je tuer quelqu'un avec le Covid même si je ne sais pas que je le tue ? » et la réponse à cela est un « Oui » retentissant !

Ok, j'en ai marre de vous tous à ce stade ... une dernière question ...

Q : Prof. MacAmadáin, Deirdre, la dame du bureau de poste local ici, donc j'ai pris la décision de ne pas me faire vacciner et ....

Oisín : Quoi ?!!! Et vous gérez tout notre courrier ?! J'appelle les Gardes (la police irlandaise) tout de suite ! Où est mon téléphone ... Garda Morrison, c'est vous ? Je dois vous informer d'un terrible crime !

Deirdre : Je m'en vais ! C'était un plaisir de vous connaître tous !

Oisín : Vite, tout le monde, allez aux abords de Termonfeckin, fermez toutes les routes ! Empêchez-la de s'échapper de la ville ! Formez une bande !

Sandra : Mais Prof. MacAmadáin ?

Oisín : Oh, quoi maintenant, Sandra ? Le temps presse ....

Sandra : Faudra-t-il que ce soit une bande socialement distanciée, à votre avis ?

Oisín : Euh, oui, oui, je suppose que oui. Ok, alors tout le monde : veuillez garder deux mètres de distance lorsque vous êtes en bande et ....

Miriam : Mais je ne pense pas que les rassemblements entre différents foyers soient actuellement autorisés, Prof. MacAmadáin ?

Oisín : Oh, quoi ? Oh, d'accord, d'accord. Ok, tout le monde, formez une bande socialement distanciée mais uniquement au sein de votre propre foyer.

Miriam : Dans mon cas, cela signifie que je ne peux emmener que mon fils de 3 ans avec moi car il n'y a personne d'autre ici ? Est-ce que ça va Prof. MacAmadáin ?

Oisín : Euh ...

Sandra : Prof. MacAmadáin ... et si elle s'échappe à plus de 5 km de Termonfeckin ? La poursuivre plus loin compterait-il comme une « raison essentielle de voyager » à votre avis ?

Oisín : Honnêtement, je ne suis pas sûr ...

Patricia : Et quand il s'agira de la capturer, Prof. MacAmadáin, comment pouvons-nous faire cela si nous devons rester à deux mètres d'elle à tout moment afin de nous protéger tous ?

Oisín : Je ne sais pas, pour être honnête. Quelqu'un a-t-il un pistolet à électrochocs par hasard ?

Maureen : Oh, Prof. MacAmadáin, je viens de voir Deirdre passer en coup de vent dans sa voiture. Je pense qu'elle nous a échappé.

Oisín : Écoutez, ok, tout le monde. Elle s'est enfuie. Nous laisserons les Gardes s'en occuper. Mais que cela nous serve de leçon à tous, quant au genre de personnes qui peuvent vivre parmi nous sans que nous en sachions rien. Je pense que je vais clore la réunion maintenant, j'espère que mon expertise vous a été utile et, bien sûr, il y a beaucoup de choses à méditer de manière réfléchie."

Eh bien, j'espère que cela vous a montré le genre d'arguments que vous pouvez avancer lorsque les gens sortent des déclarations vraiment stupides sur le Covid. J'ai seulement honte d'admettre que certaines personnes de ma propre ville étaient de ces opinions. La police n'a jamais attrapé Deirdre non plus ... elle s'est enfuie au Mexique où ils laissent entrer les non-vaccinés sans même la plus courte peine de prison (je traiterai du Mexique et de ses manigances covidiennes plus en détail plus tard dans ce livre).

Du côté positif, je suis heureux de dire que l'une des idées les plus farfelues diffusées sur le Covid n'a pas été soulevée cette nuit-là, mais, étant donné à quel point elle est prédominante, eh bien, je ne doute pas que vous en ayez entendu parler ... et donc, passons maintenant à ....

## LES ORIGINES DU COVID

Maintenant, cette idée est bien sûr absolument folle ! Certaines personnes pensent vraiment que le virus s'est échappé d'un laboratoire spécialisé dans la recherche qui modifiait les virus (ce qu'on appelle la recherche de « gain de fonction »), et que ce laboratoire de Wuhan avait reçu des fonds du National Institute of Health du gouvernement américain. J'étais donc particulièrement résolu à détruire ce mythe une fois pour toutes. Mais quand j'ai parlé à l'un de mes amis haut placé au sein du gouvernement américain, il m'a dit que je ne devrais vraiment pas le faire. Pour être honnête, mon ami, qui a demandé à rester anonyme, est devenu un peu bizarre à ce sujet, disant que c'était pour mon propre bien et que la baie de Guantanamo n'était pas le genre d'endroit où l'on voulait finir. « Non », ai-je dit. « Le laboratoire est à Wuhan. C'est là que j'irais enquêter, pas à Guantanamo. » « Je ne pense pas que vous ayez compris mon sens, Oisín. Écoutez, ne couvrez simplement pas ça dans votre livre, d'accord ? »

Mon ami était si insistant que j'ai cédé. Après tout, je respecterai toujours la demande d'un bon copain. Tout ce que je peux dire, c'est qu'il doit considérer cela comme une idée tellement loufoque qu'il est indigne de quiconque d'essayer même de la contrecarrer. Alors, je vais en rester là.

Quoi qu'il en soit, voilà, chers amis, nous avons vraiment planté le décor concernant le Covid, sa dangerosité, les ruses qu'il peut inventer, les multiples façons dont les gens suggèrent que ce n'est pas si grave, et ainsi de suite. Et, bien sûr, nous avons examiné au début de ce chapitre pourquoi les confinements sont la meilleure approche. Cependant, certaines personnes seraient d'avis que les confinements affectent négativement nos sociétés d'une manière ou d'une autre...totalement absurde, bien sûr, et c'est pourquoi, dans le prochain chapitre, nous réfléchirons à la façon dont la vie sous le Covid non seulement n'a pas été si mauvaise mais, au contraire, a été plutôt amusante !

# 2

# CHAPITRE 2: LES NOMBREUSES JOIES & BÉNÉDICTIONS DU CONFINEMENT

Maintenant, si l'on en croit les anti-vaccins, la vie est devenue terriblement oppressive ces dernières années et la société s'effondre sous le poids de mesures de confinement 'draconiennes'. Eh bien, cela n'a PAS DU TOUT été mon expérience ! Et donc, dans ce chapitre, je m'attaquerai au mythe selon lequel une sorte de dystopie aurait été créée pour nos enfants, nos relations les uns avec les autres ou même à l'idée farfelue que le fait que tout le monde porte un masque nous rendrait en quelque sorte moins humains.... alors lisez la suite, MacDuff, comme le dit le proverbe, je crois....

## MASQUES, MASQUES GLORIEUX

L'une de mes joies quotidiennes a été de me rendre à mon magasin du coin et de voir la mer de visages semi-bleus tout autour de moi, un signe visible de notre engagement commun à nous protéger les uns les autres. Et je ne sais pas pour vous, mais je trouve aussi que les masques rendent les gens carrément sexy et je me surprends souvent à lorgner la beauté à tomber par terre des passants. En fait, une étude de l'Université de Cardiff a démontré que les masques faciaux rendent les gens plus attirants et, comme vous le savez bien maintenant, je suivrai toujours la science.

D'un autre côté, lorsque je croise quelqu'un dans la rue qui ne porte pas de masque, ou si ses narines sont ne serait-ce qu'un tout petit peu visibles, je leur lançais un bon froncement de sourcils (les réprimander verbalement n'est pas le pari le plus sûr car cela risquerait davantage de transmettre une charge virale, non pas que ces opportunistes ne le mériteraient pas). Cependant, j'ai réalisé qu'ils ne pouvaient pas voir mon expression et j'étais assez contrarié par ce fait. Mais un jour, j'ai trouvé une solution ! Maintenant, je transporte une pile d'autocollants de visages en colère et j'en colle un sur mon masque chaque fois que je souhaite exprimer mon intense mécontentement envers quelqu'un.

La plupart des gens ont vraiment adhéré à l'esprit des choses. Certaines personnes, comme moi, porteront trois masques et une visière de protection. D'autres seulement deux, mais c'est tout de même un bon effort. Certains masquent leurs bébés et d'autres masquent leurs chiens lorsqu'ils les promènent. Mon chat ne se promène jamais, bien sûr, mais je le masque chaque fois que nous avons des visiteurs. Et, chaque fois que je conduis, je porterai un masque. Après tout, des gouttelettes virales pourraient pénétrer par le filtre à air.

Imaginez donc mon choc lorsque j'ai entendu parler d'une étude danoise qui a révélé que le port du masque ne produisait 'aucune différence statistique' dans le nombre d'infections entre les personnes masquées et non masquées ! Comme toujours lorsque je rencontre des théories du complot probables, je suis immédiatement allé enquêter sur la source elle-même et ce que j'ai trouvé était un article avec un titre terriblement long[1] écrit par un certain Dr Henning Bundgaard de l'Université de Copenhague. La lecture m'a rendu si furieux que j'ai dû écrire immédiatement au British Medical Journal afin de remettre cet auteur à sa place :

> 'Cher Monsieur le Rédacteur en chef du BMJ,
>
> Je suis encore dans un état de choc quasi apoplectique après avoir lu le soi-disant article scientifique du Dr Herring Bumgaard. Son article a examiné la différence de taux d'infection entre un groupe invité à porter des masques en permanence à l'extérieur de la maison et un autre qui ne l'était pas. Sur une période de deux mois, un groupe de 6 000 personnes a été divisé, avec environ 1,8 % du groupe masqué infecté contre 2,1 % du groupe non masqué, ce qui a conduit à la conclusion qu'il n'y avait 'aucune différence statistique' entre les groupes.
>
> Ces types de résultats sont très bien, mais la vraie question est de savoir quel genre de comité d'éthique digne de ce nom donnerait son approbation pour une telle étude ? Demander à trois mille personnes de se promener au milieu d'une pandémie *sans* masque ? Quels qu'aient pu être les résultats de cette étude, le fait est qu'elle aurait pu entraîner un meurtre à grande échelle sans précédent. En fait, je ne suis pas si sûr que ce ne fut pas le cas. Je veux dire, comment savons-nous que jusqu'à 100 % des personnes infectées dans le groupe non masqué n'ont pas fini par mourir en raison d'une exposition virale plus importante ? Leur a-t-on seulement demandé s'ils étaient infectés et non si cette infection les avait tués ? Ou, s'ils ne sont pas tous morts eux-mêmes, peut-être ont-ils fini par anéantir des quartiers entiers de Copenhague en transmet-

tant leurs gouttelettes à des niveaux de charge virale beaucoup plus élevés. Le Dr Bumgås a-t-elle pensé à l'une de ces possibilités ? Pourquoi ces questions n'ont-elles pas été abordées dans son étude ? Ces questions et tant d'autres restent sans réponse. J'appelle le gouvernement danois à lancer une enquête publique sans délai.

Comme beaucoup d'Irlandais, j'ai plus que quelques gouttes de sang viking en moi. Par conséquent, cela m'attriste énormément de voir comment certaines des terres de mes ancêtres ont géré cette pandémie. Il est déjà assez grave que la Suède ait décidé d'assassiner toutes leurs grands-mères sans que les Danois ne publient maintenant de la désinformation sous le couvert d'une étude scientifique, aussi qualifiée que le Dr Maquereau puisse se dire.

Is mise,

Prof. Oisín MacAmadáin, Termonfeckin Institute of Expertise.'

Et le jour même où j'ai envoyé cette riposte, n'ai-je pas lu dans les journaux irlandais qu'un groupe de parents de droite se rassemblait pour protester contre le port du masque par les enfants à l'école primaire ? Ce sont des études comme celles du Dr Bümflüff qui finissent par alimenter ces extrémistes de droite. Mais de tels chercheurs ne semblent jamais être troublés lorsqu'ils parviennent à leurs conclusions, non seulement par le fait qu'elles ne concordent pas avec la science, mais aussi parce qu'elles encourageront les anti-vaccins.

Alors que le Dr Bumfårt ne suit peut-être pas la science, moi, je la suis très certainement. Pas plus tard qu'hier, j'ai lu une étude de l'Université de Cambridge (BEAUCOUP plus prestigieuse que l'Université de Copenhague, bien qu'évidemment moins que le Termonfeckin Institute of Expertise, même si je le dis moi-même), une étude que j'ai vraiment admirée pour ses efforts visant à déterminer comment les masques peuvent nous aider à sauver encore plus de vies qu'ils ne l'ont déjà fait. Elle s'appelait 'Face mask fit hacks' et ce qu'elle a découvert, c'est que si quelqu'un porte une section de collants par-dessus son masque, il réduit sa charge virale d'un énorme SEPT fois. Il n'y a rien de tel que la vraie recherche scientifique pour me mettre dans un état d'excitation et j'ai donc immédiatement mis mon masque et me suis précipité à l'étage chez ma femme. 'Enlève tes collants maintenant, ma chérie !' 'Oooh, Oisín', a répondu ma femme. 'J'adore quand tu me surprends comme ça.... tiens, mais qu'est-ce que tu fais, Oisín ?'

Alors que j'admirais mon nouveau look dans le miroir, je savais que cette percée scientifique des petits génies de Cambridge DEVAIT être adoptée à l'échelle nationale de toute urgence. Et donc je savais *exactement* de quoi j'allais parler la prochaine fois que je passerais sur RTÉ, notre radiodiffuseur national. Après tout, n'ont-ils pas été des pionniers lorsqu'il s'agit de discuter de solutions innovantes à cette pandémie ? Je me souviens très bien avoir vu quelques gars dans l'une de leurs émissions, et l'un d'eux n'était rien de moins qu'un professeur de biochimie, debout à l'intérieur de grandes bulles protectrices, disant, à juste titre à mon avis, qu'ils avaient trouvé un moyen pour que les gens puissent aller aux concerts en toute sécurité. Je sais donc que les rédacteurs de RTÉ seront réceptifs à cette idée.... entre les bulles géantes et les collants, nous y arriverons.

## UN PETIT MOT SUR LES RENCONTRES

Toutes ces discussions sur les bas m'ont mis dans un état d'esprit soudainement plus amoureux et même si je suis, bien sûr, heureusement marié à ma femme, si j'étais un jeune homme qui bat la campagne, voici comment mon profil Tinder se lirait (j'espère que cela servira de modèle utile à tout jeune qui penserait à tort que le confinement a ruiné ses chances) :

> "Nom d'utilisateur : Oisínsexyness
>
> Âge : 22
>
> Recherche : Femme, 18-30 ans, au moins triple dose.
>
> Statut vaccinal : Doublement vacciné et trois rappels.
>
> Salut ma chérie ! On m'a dit que j'étais destiné à de grandes choses. Organisons un Zoom et échangeons nos expériences de vaccination ! Tant que tu ne crois pas que Bill veut te pucer, LOL, alors je suis sûr que nous nous entendrons très bien.
>
> Enfin, si nous nous rencontrons une fois le confinement terminé, je veux que tu saches que je porte toujours une protection et j'espère que tu porteras aussi toujours ton masque."

Honnêtement, avec des profils comme celui-ci, vous auriez peu de chances de vous tromper.

Mais qu'en est-il des prétendus effets néfastes du confinement sur nos enfants ? Leur éducation ou leur santé mentale ont-elles souffert d'avoir été sollicitées pour jouer leur rôle dans la guerre contre le virus ? Je ne le pense vraiment pas ! Et donc....

## NON, LA PANDÉMIE NE CONDUIT PAS À DES PROBLÈMES DE SANTÉ MENTALE CHEZ LES ENFANTS

Je ne peux absolument pas comprendre tous ces parents anti-vaccins et d'extrême droite et leurs 'inquiétudes' concernant la santé mentale des enfants pendant la pandémie. Ils s'inquiètent de l'effet que les restrictions de confinement, les fermetures d'écoles, le port obligatoire du masque dans les écoles, etc., auront sur leurs précieux petits anges. C'est de la surprotection, pure et simple. Rien de bon ne vient jamais d'envelopper vos enfants dans du coton et de prétendre que la réalité n'existe pas. Et, de toute façon, ces enfants sont bien plus débrouillards que leurs parents malades mentaux ne le réalisent.

On se demande vraiment quel est le problème. Je veux dire, imaginez que vous ayez six ans et qu'on vous dise que....

- un virus mortel se propage rapidement dans tous les pays du monde

- vous pourriez être porteur de cette maladie mortelle à tout moment, même si vous n'auriez aucun symptôme et ne le sauriez donc pas, et que vous pourriez donc tuer vos grands-parents et que vous ne pouvez donc plus les revoir, du moins pas avant le jour merveilleux où ils seront vaccinés

- et non seulement que vous pourriez tuer vos grands-parents par inadvertance, mais que vous pourriez même tuer vos parents, il est donc préférable au minimum d'arrêter les câlins et les baisers et de vous tenir également éloigné d'eux jusqu'au jour merveilleux où ils seront également vaccinés

- mais que ce n'est pas quelque chose qui est susceptible

de vous tuer, heureusement (plutôt, vous êtes juste très susceptible d'être responsable de la mort de pratiquement tout le monde, du moins jusqu'au jour merveilleux où ils seront tous vaccinés)

- et que vous devriez porter un masque à l'école en tout temps afin de jouer votre rôle pour vous assurer de ne tuer non seulement vos propres parents et grands-parents, mais aussi les parents et grands-parents de tous vos camarades de classe

- mais que vous apprenez ensuite qu'il semble y avoir une légère mais réelle chance que le virus puisse vous tuer après tout et que vous devez donc porter le masque pour vous protéger, vous et tous les autres de votre classe, sinon vous pourriez les tuer ou ils pourraient vous tuer, du moins jusqu'au jour merveilleux où vous serez tous vaccinés

- et puis vous apprenez que, même si le jour merveilleux où tout le monde est vacciné est arrivé, tout ce qui précède s'applique toujours

Maintenant, je vous le demande, comment diable un tel scénario pourrait-il entraîner des problèmes de santé mentale de quelque nature que ce soit chez les enfants ?! À mon avis, le seul résultat de ce genre de message clair est le développement d'enfants responsables, résilients et empathiques. Chaque jour, en se rendant à l'école, ils sont bien conscients qu'ils pourraient être infectés par un ennemi invisible et potentiellement tuer quiconque ils croisent sur leur chemin. Cela ne les encourage-t-il pas naturellement à respecter les limites des gens ? Et lorsqu'ils sont à l'école, ils sont également prudents pour éviter tout contact ou communication de quelque nature que ce soit avec tous leurs camarades de classe, sachant que cela courrait le risque de ne plus jamais revoir leurs amis ? N'est-ce pas, comme je crois qu'ils disent, l'acmé même des soins empathiques ? Et, enfin, ils sont conscients des énormes risques personnels qu'ils prennent chaque jour, en ce sens qu'eux aussi pourraient être tués par le virus à tout moment. Vraiment, ce sont nos petits héros.

En effet, la pandémie a apporté de nombreuses bénédictions inattendues, et l'une d'elles est que nous pouvons nous attendre à ce que la prochaine génération soit altruiste et calme face à l'adversité. Tout comme, bien sûr, nous l'avons été tout au long de cette pandémie. Car n'est-il pas vrai que les enfants imitent leurs aînés ?

Alors, tapons-nous aussi sur l'épaule. Les adultes présents (parmi lesquels je ne compte PAS les parents anti-vaccins infantiles que j'ai décrits ci-dessus) montrent vraiment l'exemple.

## LA SALLE DE CLASSE COVID IDÉALE : UNE ÉTUDE DE CAS

Maintenant, quant à l'idée que les enfants ont reçu une expérience d'apprentissage de qualité inférieure au cours de la pandémie, le fait est que de nombreuses écoles ont relevé le défi et ont néanmoins fourni une éducation aussi bonne, sinon meilleure, qu'avant le début de l'ère Covid. Et donc, quand je pensais à la façon de réfuter cette absurdité particulière, ma chère vieille amie, Mme Gretel Voopingkoff, m'est venue à l'esprit. Gretel est une institutrice en Allemagne, un pays qui, à mon avis, a excellé dans sa gestion de la pandémie. Je l'ai donc contactée par e-mail et lui ai demandé de m'envoyer un compte rendu de ce qu'était la vie scolaire à l'époque du Covid. Ce que j'ai reçu devrait convaincre quiconque que le Covid peut vraiment conduire à une atmosphère de classe dans laquelle l'éducation de nos jeunes peut vraiment s'épanouir. Voici son e-mail :

"Salut Oisín !

Si merveilleux d'avoir de tes nouvelles ! J'ai suivi ton travail formidable d'extermination de la propagande anti-vaccins ! Espérons que ce ne sera pas trop long avant que nous n'ayons plus à les supporter.

Quant à ta question sur la vie scolaire ici, c'est aussi si merveilleux....

La journée commence à 8h du matin et chaque enfant vient devant la classe et déclare son statut vaccinal actuel, qu'il s'agisse de 'ein jab', 'zwei jab' ou 'drei jab' (ce qu'on appelle 'super duper triple booster'). Ceux qui ont une dose reçoivent des applaudissements polis tout en étant encouragés à changer leurs habitudes, ceux qui ont deux doses sont applaudis avec enthousiasme et ceux qui ont trois doses.... eh bien, nous jouons tous au jeu de la marche des oies (un vieux jeu que nous avons ici en Allemagne, un peu comme votre 'ring around the rosy') et nous nous saluons de manière traditionnelle. Cependant, s'ils disent qu'ils ne sont pas vaccinés, nous restons tous silencieux comme la mort et les fixons du regard.

Malheureusement, il y a encore quatre élèves non vaccinés dans ma classe (leurs parents sont des 'anti-vaxxers', beurk !) et nous avons donc cloisonné la pièce et veillons à les maintenir séparés en tout temps. De plus, alors que tous les élèves vaccinés n'ont besoin de porter qu'un seul masque, les enfants antivaxxers doivent porter trois masques ainsi que des combinaisons Hazmat. Cela signifie qu'ils ne peuvent pas m'entendre et donc apprendre quoi que ce soit, mais en réalité, la principale chose qu'ils doivent apprendre est l'erreur de leurs voies.

Nous avons également mis en place un nouveau système d'alarme capable de détecter des bruits très spécifiques, à savoir les éternuements et les reniflements. Si un élève renifle, le système d'alarme se déclenche dans toute l'école : 'Achtung, Achtung ! Présence Virale Suspectée !' Ensuite, tous les élèves doivent rester exactement là où ils sont pendant que notre Unité Spécialisée de Protection Covid identifie l'emplacement du reniflement. Ensuite, cet élève, et tous les autres de sa classe, vaccinés ou non, sont emmenés dans un camp spécial.

Donc, en somme, Oisín, l'enseignement est le même délice qu'il a toujours été !

Affectueusement et avec un câlin électronique (et donc socialement distancié),

Gretel"

C'est vraiment merveilleux et cela nous montre ce qui peut être fait, n'est-ce pas ? En effet, comment quelqu'un pourrait-il penser qu'une telle atmosphère de classe pourrait offrir autre chose qu'une expérience d'apprentissage absolument brillante ? Pour pouvoir apprendre efficacement, nos enfants doivent se sentir en sécurité et capables de relever les défis de ce nouveau type de monde, et ce genre d'approche remplit ces deux conditions. En effet, nous devons tous copier ce modèle ! Et alors, tous les parents anti-vax, sauf les plus récalcitrants, seraient obligés d'admettre que le système éducatif général a progressé de plusieurs crans et que s'ils souhaitent que leurs enfants en bénéficient et sortent de ces combinaisons Hazmat.... eh bien, c'est l'heure des piqûres. Mais pour être honnête, je doute qu'ils reconnaissent un jour de telles améliorations... après tout, ils sont du genre à être dans le caniveau pendant que le reste d'entre nous a les yeux étoilés ou je ne sais quoi d'autre que George Bernard Shaw a dit un jour.

Voilà, les amis.... aucune personne saine d'esprit ne suggérerait jamais que nos vies quotidiennes, ou celles de nos jeunes descendants, ont été affectées négativement par la pandémie. Les masques nous montrent à quel point nous nous soucions les uns des autres et nos enfants grandissent dans une atmosphère d'amour et de compassion sociétale comme jamais auparavant. Alors, applaudissons tous le Confinement et les cadeaux qu'il nous a apportés ! Hip hip, hourra !

Mais comment, cher lecteur, pouvez-vous gérer les anti-vaxxers lorsque vous les rencontrez dans votre vie quotidienne ? Par exemple, lorsque vous entrez dans un café pour croiser quelqu'un qui murmure 'Heureusement pour vous d'être autorisé à entrer là-dedans !'.... quel genre de réplique devriez-vous faire ? Comment, en effet, devriez-vous les 'vérifier les faits' ? Eh bien, c'est le sujet du prochain chapitre... et ainsi de suite !

3

# CHAPITRE 3: LES GUIDES D'OISÍN POUR...

## LA VÉRIFICATION DES FAITS

Le grand problème avec internet est que n'importe quel illuminé peut écrire et publier ce qu'il veut (et, en effet, c'est l'une des raisons pour lesquelles j'ai été motivé à assembler ce livre).

Et, en ce qui concerne la pandémie, la désinformation est déchaînée, se propageant encore plus rapidement et dangereusement que le Covid lui-même. Heureusement, les bonnes âmes de toutes les grandes entreprises technologiques ont été conscientes du danger très tôt et ont formé des armées entières de Détecteurs de Désinformation & Vérificateurs de Faits. Ces brillants hommes et femmes ont rétabli la vérité sur tous les mythes qui circulent. Et, mon Dieu, ils sont intelligents. Je ne sais pas exactement quel genre de formation ils ont, mais cela ne me surprendrait pas si cela ne nécessitait pas, au minimum, l'obtention d'un doctorat en virologie ou quelque chose de similaire. Quoi qu'il en soit, le fait est... ces gens connaissent vraiment leur sujet, de cela nous pouvons être sûrs.

Et nous devrions tous être reconnaissants pour leurs efforts. Saviez-vous que, au moment de la mise sous presse, YouTube a supprimé plus d'un million de vidéos diffusant de la désinformation sur le Covid... C'est 1 million de vidéos vantant les vertus de l'eau de Javel ou les 'dangers' de la 5G qui ne subvertiront plus ceux qui ont les esprits les plus suggestibles et les plus faibles parmi nous. Ou que Facebook a supprimé d'innombrables antivax râleurs qui prétendent avoir eu une crise cardiaque ou être morts ou quoi que ce soit d'autre après leur vaccination... Comme le groupe de 120 000 extrémistes de droite qui a été supprimé comme ça.

Mais voici le truc... vous n'avez pas besoin d'être un expert de haut niveau comme moi ou un employé de Facebook pour savoir comment vérifier les faits. En effet, tout le monde peut le faire. Laissez-moi vous donner un guide rapide afin que vous aussi puissiez vérifier les faits des négationnistes du Covid dans votre vie.

En général, la vérification des faits implique de faire l'une des trois choses suivantes...

1. Faire remarquer que les EXPERTS sont en désaccord avec la désinformation
2. Faire remarquer que la personne qui diffuse la désinformation est, en fait, un fou
3. Faire remarquer que, même si la désinformation est correcte, elle n'est toujours pas vraie

Examinons maintenant les exemples suivants. Voyez si vous pouvez repérer la stratégie que j'utilise dans chaque vérification des faits (parfois j'en utilise plus d'une). J'espère que ceux-ci pourront servir de modèles que vous pourrez adapter à toute situation que vous jugerez appropriée.

**"Affirmation anti-vax n° 1... Les confinements causent plus de mal que de bien**

**Vérification des faits...** Une affirmation typique des opposants aux confinements est qu'ils causent plus de dommages qu'ils n'en préviennent, en particulier en nuisant à l'économie, aux moyens de subsistance, à la santé mentale et à la prestation de soins pour d'autres problèmes de santé. Cependant, les EXPERTS de l'Université d'EXPERTISE, située en PAYS EXPERT, ont un point de vue différent. Par exemple, leur étude, *Les confinements prédisent une augmentation de la santé mentale positive due à l'augmentation du temps passé à flâner et à manger des plats à emporter... Une analyse qualitative*, indique que les confinements ont en fait conduit à une augmentation des niveaux de bonheur dans le monde développé. Pendant ce temps, M. Extrêmement Intelligent de l'Université Intelligente suggère que... et ainsi de suite.

**Affirmation anti-vax n° 2... L'inventeur de la technologie des vaccins à ARNm, Robert Malone, affirme qu'il existe des préoccupations de sécurité concernant les vaccins à ARNm**

(Notez également l'utilisation de notes de bas de page et de guillemets avec cette stratégie – celles-ci peuvent être très utiles)

**Vérification des faits...** Le Dr Robert Malone, ancien scientifique et maintenant antivax à temps plein, 'prétend' avoir 'inventé' la technologie des vaccins à ARNm pendant ses études supérieures, bien que cela soit contesté. [1] Il est connu pour diffuser de la désinformation sur les vaccins au point que Twitter a supprimé son profil. Une étude de recherche de l'Université de WMS (Woke Medical School) a conclu qu'avoir une barbe, une peau blanche et être de sexe masculin, toutes caractéristiques que le Dr Malone partage, sont fortement associées au risque de devenir un antivax. Contrairement à l'avis du Dr Malone, la plupart des experts affirment que les vaccins à ARNm sont extrêmement sûrs et devraient être pris par tout le monde dès la naissance au moins dix fois.

**Affirmation anti-vax n° 3... Le VAERS (The Vaccine Adverse Event Reporting System) montre que plus de 29 000 personnes sont décédées après la vaccination Covid à la fin de juin 2022**

**Vérification des faits...** L'utilisation des données du VAERS pour soutenir l'idée que les vaccins Covid sont dangereux est une tactique courante utilisée par les antivax. Le VAERS est cependant un système d'auto-déclaration et n'est pas soumis aux mesures scientifiques rigoureuses employées dans les essais cliniques qui ont montré que les vaccins sont sûrs et efficaces. Les rapports de plus de 29 000 décès dans la base de données VAERS ne prouvent pas que les vaccins Covid sont dangereux... ils montrent simplement que 29 000 personnes sont décédées peu de temps après leur vaccination. La mort est un phénomène statistiquement courant que les experts ont constaté dans la plupart des populations. Il n'est donc pas surprenant que, dans le cadre d'un programme de vaccination de masse, un petit nombre de personnes décèdent dans les jours suivant leur vaccination.

**Affirmation anti-vax n° 4... Certains groupes sont plus à risque du Covid que d'autres**

**Vérification des faits...** Les négationnistes du Covid affirment généralement que les personnes âgées, les infirmes et celles souffrant de certaines conditions sous-jacentes telles que le diabète et les maladies cardiaques, sont les plus susceptibles d'avoir une issue négative du Covid. Bien que l'âge médian de décès du Covid soit de 83 ans et que moins d'enfants et d'adolescents américains soient morts du Covid que de la grippe standard, les experts ne sont néanmoins pas d'accord. Le Prof. Nadir Jibjab déclare... "Soyons très clairs... il n'y a aucun groupe qui ne soit 'à risque' du Covid... les personnes âgées, les jeunes, les nourrissons, même les fœtus peuvent tous avoir une très, très, très, très, très MAUVAISE issue." L'un des principaux problèmes des antivax diffusant l'idée ci-dessus est qu'elle promeut le concept de 'stratification des risques', ou l'idée d'identifier les risques sanitaires particuliers auxquels les différents groupes sociaux sont confrontés avec le Covid-19 et de développer des stratégies de santé publique appropriées à chaque groupe. Non seulement cette approche est discriminatoire et âgiste, mais elle pourrait également amener certaines personnes à douter de la valeur de confiner tout le monde. Le Prof. Jibjab poursuit... "Il est très important que les gens comprennent que la fermeture de toutes les entreprises, cafés, restaurants, le fait de ne voir personne d'autre ou de ne jamais quitter son propre domicile, sont tous des outils basés sur la science la plus solide."

**Affirmation anti-vax n° 5... Améliorer l'immunité naturelle est un moyen efficace de réduire une issue négative du Covid**

**Vérification des faits...** De nombreux antivax affirment

qu'un système immunitaire sain est capable de combattre le Covid. Ce genre de 'biais de santé naturelle' découle probablement du fait que les antivax s'intéressent généralement aux remèdes de santé alternatifs et mal réglementés tels que la mise à la terre, la guérison par les cristaux et les nettoyages du côlon. Les experts, cependant, soulignent le fait que le système immunitaire, en dehors du contexte de la vaccination, n'est plus aussi central pour la santé du corps qu'on le croyait autrefois. En effet, beaucoup de ceux qui sont morts du Covid avaient également un système immunitaire. La plupart des experts estiment donc qu'il est préférable que tout le monde se fasse vacciner au moins une fois tous les trois mois.

**Affirmation anti-vax n° 6... Tous les décès dus au Covid ne sont pas causés par le Covid**

**Vérification des faits...** Une idée courante répandue par les antivax est que les chiffres de décès dus au Covid sont exagérés en raison de la manière dont ils sont comptés. Par exemple, quelqu'un qui meurt uniquement d'un cancer peut être enregistré comme un décès dû au Covid même s'il n'a eu qu'une infection Covid légère ou asymptomatique le mois précédent. Dans ce genre de cas, affirment les antivax, les décès 'avec Covid' devraient être distingués de ceux 'du Covid'. Le Prof. Hubert Müzzleup de l'Institut d'Études Zéro (comme dans *Absolument* Zéro) Covid, cependant, a un point de vue différent... "C'est absolument extravagant. Prenez même un scénario où quelqu'un meurt en tombant de son vélo... comment savons-nous qu'une crise d'éternuements induite par le Covid ne l'a pas amené à perdre le contrôle du guidon et donc à contribuer directement à sa mort? Le

Covid est capable de toutes sortes de bêtises et, sur ce point, la science est très claire, laissez-moi vous dire."

Alors, voilà, les amis, le guide d'Oisín pour la vérification des faits. C'est vraiment un jeu d'enfant. Alors, la prochaine fois que vous serez confronté aux choses ridicules que les négationnistes du Covid inventent, adaptez simplement l'une de ces stratégies et vous serez prêt. Ils resteront sans voix, ça je peux vous le promettre

Mais, bien sûr, je reconnais que tous mes lecteurs ne seront pas des gens ordinaires (ni des Brandon ordinaires d'ailleurs, non pas qu'*il* soit en quoi que ce soit ordinaire). Je ne doute pas que certains d'entre vous doivent être des journalistes dans les journaux les plus prestigieux, tels que *The New York Times* ou *The Washington Post* et, bien sûr, je sais avec certitude que tout mon personnel du *Termonfeckin Tribune* (dont je suis le rédacteur en chef) lira ce livre afin de s'assurer qu'ils maintiennent leurs standards. Par conséquent, je voulais également inclure un guide pour ceux de mes lecteurs qui façonnent l'opinion au niveau sociétal... cette prochaine section est pour vous.

Et ainsi de suite pour mon guide de....

## ...LA COUVERTURE DU COVID DANS LES MÉDIAS

Ok, allons droit au but. Voici une liste de sept règles d'or pour couvrir la pandémie (bien sûr, cette liste n'est pas exhaustive, en vérité il y a des centaines de règles, mais de peur que ce livre ne devienne un énorme tome, je les ai réduites aux plus essentielles).

**Règle 1... Lorsqu'un gouvernement lève, ou ne serait-ce que suggère de lever une ou plusieurs restriction(s), faites**

**remarquer que les experts du monde entier pensent que c'est une idée *terrible***

Exemple...

"Boris Johnson a annoncé des plans pour le 'Jour de la Liberté' du Royaume-Uni, lorsque toutes les restrictions Covid seront levées, et que le Royaume-Uni entrera dans une nouvelle phase de 'vivre avec le virus'. Les experts, cependant, sont (insérer l'une des options suivantes selon l'effet désiré) *conseillent / avertissent / supplient / implorent à genoux* le Premier ministre de ne pas prendre cette voie. Une lettre a été signée par *241 / 4 300 / 2,1 millions d'experts* qui ont prédit que le 'Jour de la Liberté' entraînerait l'infection de *500 000 / 18 millions / tout le monde au Royaume-Uni et dans le monde entier* en quelques semaines, ainsi qu'un bilan de morts *significatif / énorme / véritablement biblique.* Le Dr Smärtz Aleks, l'un des co-signataires de la lettre, a déclaré... "Que veut-il dire par 'vivre avec le virus' ? La notion même est absurde. On ne vit pas avec ce virus, on en meurt, et c'est tout."

**Règle 2... Lorsqu'un gouvernement lève, ou ne serait-ce que suggère de lever une ou plusieurs restriction(s), faites remarquer que les gens ordinaires partout *aussi* pensent que c'est une idée *terrible***

Exemple...

"Boris Johnson a annoncé des plans pour le 'Jour de la Liberté' du Royaume-Uni, lorsque toutes les restrictions Covid seront levées, et que le Royaume-Uni entrera dans une nouvelle phase de 'vivre avec le virus'. La réaction dans les rues d'Exmouth dans le Devon, cependant, a été celle de l'inquiétude. Miriam, une coiffeuse à la retraite, était loin d'être satisfaite de l'annonce du Premier ministre. 'Eh bien, ils pourraient aussi bien envoyer l'armée pour nous assassiner tous et en finir', a-t-elle dit. Ce point de vue a été repris par Tim, un conseiller local... 'Mais nous n'avons pas encore eu notre sixième rappel. Comment cette décision peut-elle être sûre ? C'est de la folie.'"

**Règle 3... Lorsque les antivax protestent de quelque manière que ce soit, assurez-vous de souligner à quel point ils sont marginaux, conspirationnistes, étranges, potentiellement dangereux, peu nombreux, totalement égoïstes et généralement non représentatifs du courant dominant. Dans ce genre de cas, il est également utile de faire un usage libéral des guillemets.**

Exemple...

"L'invasion d'Ottawa par des camionneurs faisant campagne pour la 'liberté' a atteint son 11ème jour. Un total de 12 camionneurs étaient présents. L'une d'eux, Margery, qui avait les cheveux violets, un chat sous chaque bras, et agitait une pancarte avec les mots 'La 5G est le vaccin', a déclaré... 'Nous ne sommes que des Canadiens pacifiques qui veulent récupérer notre pays', avant de sortir un revolver et de tirer quelques coups en direction des bâtiments gouvernementaux. Le gouvernement canadien fait face à une pression croissante pour agir de manière décisive face au convoi de la 'liberté', qui dit également faire campagne pour l' 'autonomie corporelle' et les 'droits humains inaliénables'. La protestation survient à un moment où les rassemblements de plus de 1 personne sont toujours illégaux et, par conséquent, peuvent constituer un événement super-propagateur qui menacera finalement les progrès que le gouvernement canadien a réalisés pour tenter de sauver des vies."

**Règle 4… Ne publiez jamais, au grand jamais, une lettre d'un antivax dans votre journal. Dès que vous savez qu'elle vient d'un tel, ne lisez même pas le reste… au lieu de cela, mettez-la immédiatement dans un dossier séparé intitulé 'fous.'**

Par exemple, ne publiez *jamais* une lettre qui commence par quelque chose comme ceci…

> 'Monsieur,
>
> Nous, au Centre pour les Libertés Civiles, sommes de plus en plus préoccupés par la suppression par le gouvernement des droits fondamentaux garantis par la Constitution….'

Mais *publiez…*

> 'Monsieur,
>
> J'ai été horrifiée d'aller chez le coiffeur l'autre jour et d'apprendre que mes cheveux étaient coupés par quelqu'un qui n'est pas vacciné (et, pire, fier de l'être). J'ai gardé le silence pour éviter d'inhaler l'une de ses gouttelettes et je suis actuellement assise dans ma voiture devant le service des urgences le plus proche afin de ne pas avoir loin à aller le moment venu. Ma coiffeuse devrait avoir honte d'elle-même et je pense qu'elle, et les gens de son espèce, devraient être enfermés pour toujours plutôt que de potentiellement nous assassiner tous.
>
> Cordialement,
>
> Maggie O'Muirahertaighach.

Dans sa voiture devant l'hôpital St. Jimmy, Dublin.'

**Règle 5... Lorsque vous *devez* absolument interviewer un antivax dans votre émission de radio ou de télévision, assurez-vous qu'il répond à au moins cinq des critères suivants...**

1. Il pratique une profession de santé holistique, telle que l'aromathérapie ou le Reiki, et croit que cela guérit le cancer
2. Il est chrétien
3. Il exprime la conviction que les élections américaines ont été volées, que les émeutes du Capitole ont été organisées par Antifa et que Trump est tout simplement merveilleux
4. Il a un historique sur internet de sites web marginaux sur lesquels il a exprimé son soutien aux idées et théories nazies. Idéalement, il a une croix gammée tatouée à un endroit visible.
5. Il croit que le monde est dirigé par un groupe d'élite, 'Les Illuminati', qui sont probablement des extraterrestres.

**Règle 6... Lorsque vous discutez d'incidents d'augmentation de la mortalité excessive non liée au Covid chez les jeunes et les personnes d'âge moyen, précisez clairement que ceux-ci ne peuvent pas être attribués au programme de vaccination mais à presque n'importe quoi d'autre.**

Exemples...

"Les experts avertissent que l'augmentation du taux de crises cardiaques chez les hommes d'âge moyen est due à une anxiété accrue concernant les crises cardiaques au sein de ce groupe"

"Le manque d'une bonne hygiène bucco-dentaire est probablement la cause de l'augmentation des taux d'inflammation cardiaque chez les jeunes hommes, selon un expert (et qui sommes-nous pour le douter)"

"Un chercheur de premier plan suggère que l'augmentation du nombre d'accidents vasculaires cérébraux peut être attribuée à l'augmentation des allergies aux animaux de compagnie"

Et ainsi de suite.

***

Bien, c'était mon guide pour parler du Covid dans la presse. D'une certaine manière, je ne sais pas pourquoi je l'ai écrit. Après tout, les médias du monde entier ont toujours suivi des règles de ce genre. Mais ce que je sais, c'est que nous sommes dans une bataille d'idées et que nous devons tous jouer notre rôle, que ce soit, à une extrémité de l'échelle, en vérifiant les faits de quelqu'un dans l'un de vos groupes WhatsApp ou, à l'autre, en écrivant un éditorial pour *The Guardian*. En effet, si nous regardons à travers l'histoire, c'est toujours le camp qui s'efforce d'empêcher les idiots de la pièce d'exprimer leur point de vue qui gagne finalement. Et nous devons gagner maintenant aussi car, Seigneur aide-nous, les gens de nos jours peuvent vraiment être plus bêtes que jamais.

Écoutez, je ne vous blâmerais pas si vous étiez un peu découragé après avoir lu ce chapitre. Je veux dire, n'est-il pas déprimant que nous ayons même besoin de dire aux gens comment penser en premier lieu ? Pourquoi certaines personnes ne sont-elles pas aussi mentalement connectées que le reste d'entre nous ?

Alors, il est temps pour de très bonnes nouvelles à ce stade alors que nous nous dirigeons vers notre prochain chapitre. En effet, heureusement, la plupart des cabinets gouvernementaux du monde entier sont très bien informés et ont réagi à cette pandémie de la manière la plus scientifique possible. Alors, offrons-nous maintenant la crème de la crème de ces dernières années et le Panthéon du Confinement.

En premier lieu, la terre des saints et des savants, mon propre beau pays, l'Île d'Émeraude....

# 4

# CHAPITRE 4: LE PANTHÉON DU CONFINEMENT

## Irlande : Une étude de cas modèle – Probablement le meilleur confinement du monde !

Comme tous les fiers Irlandais, je crois que l'Irlande est à peu près la meilleure en tout et notre approche du Covid-19, ou 'le Covid' comme nous l'appelons affectueusement ici, n'a pas fait exception.

Au milieu de la pandémie, je me souviens très bien avoir regardé une vidéo des vaillants membres d'An Garda Síochána (c'est notre force de police nationale pour ceux de mes lecteurs qui n'ont pas encore eu le plaisir d'apprendre notre belle langue maternelle) arrêtant un pasteur évangélique à Dublin pendant son service du dimanche. Or, ce pasteur enfreignait sans vergogne les lois Covid qui interdisaient tous les services religieux en personne à cette époque et pourtant, dans la vidéo, il n'arrêtait pas de parler de son droit constitutionnel au culte ou d'une telle absurdité dans ce genre. Quel culot, et je suis heureux de dire que les Gardes n'ont pas supporté ses manigances : il est monté dans le fourgon et a été emmené à la prison la plus proche. Je veux dire, à quoi pensait cet homme, nous mettant TOUS en danger ? Bien sûr, la veille, deux personnes étaient mortes du Covid.

Bizarrement, certaines personnes à l'époque ont critiqué cette criminalisation du culte communautaire, soulignant que cela mettait l'Irlande sur un pied d'égalité trop proche avec des pays comme l'Arabie Saoudite ou la Corée du Nord. Honnêtement, à quel point peut-on être raciste ?! Pour ma part, je pense que le gouvernement irlandais a pris la décision à 100% juste dans ce cas. Bien sûr, nous savons tous que ces types religieux peuvent se laisser un peu emporter, sauter et chanter des louanges à pleins poumons.... En effet, je dirais que ce n'est qu'une question de temps avant qu'une étude ne confirme qu'ils sont sans doute les pires propagateurs de la maladie (après les non-vaccinés, bien sûr). Eh bien, c'est parmi les évangéliques en tout cas, mais même parmi les catholiques, qui ont tendance à être assez réservés en Irlande, il est clair que la messe est un désastre de santé publique sur le point de se produire. Pensez à cette partie où ils se dirigent tous vers le prêtre pour recevoir leur sainte communion. Et si le prêtre a le Covid ? Pouvez-vous imaginer le titre ? 'Un seul prêtre tue toute la paroisse lors d'un événement super-propagateur choc'. Non, à mon avis, il n'y a aucun doute que le culte en ligne était la seule voie à suivre.

En tout état de cause, la réponse au Covid par les autorités irlandaises m'a rempli de fierté dès le départ. En effet, dès mars 2020, le gouvernement a créé un groupe consultatif pour élaborer la meilleure façon de répondre à la pandémie. Ce groupe s'appelle la National Public Health Emergency Team, ou NPHET (mais tout le monde le prononce comme NEPHET, ce qui sonne un peu ancien

Égyptien et donc plutôt cool, vous savez, un peu comme Néfertiti ou Nabuchodonosor. Cela dit, ce n'est pas l'acronyme que j'aurais choisi. Vous voyez, je suis plutôt fan des acronymes qui signifient aussi quelque chose par eux-mêmes, comme le groupe SAGE au Royaume-Uni [le 'Scientific Advisory Group for Emergencies' et une bande très sage aussi]. Rétrospectivement, peut-être que quelque chose comme COMPLY aurait été mieux ['Comité pour l'Observation de cette Monstrueuse Pandémie et des Mensonges que les Voyous - 'Yobbos' en Anglais - inventeront à son sujet'] mais nous devrons juste en tenir compte pour la prochaine fois.)

En tout état de cause, le NPHET a fait un excellent travail. En effet, chaque réglementation Covid qu'ils ont élaborée était basée sur la plus grande pensée scientifique. Par exemple, les citoyens ne pouvaient voyager que jusqu'à 5 km de leur domicile pendant la majeure partie de la pandémie, sauf pour un motif essentiel. Or, si vous n'étiez pas le plus brillant, vous pourriez vous demander si quelqu'un conduisant, disons, à 9 km de son domicile poserait un risque pour la santé publique.... ils sont dans leur voiture, un espace confiné et fermé, etc., et ne pourraient-ils pas suivre les directives de distanciation sociale partout où ils pourraient sortir, bla bla bla. Mais que se passerait-il s'ils ouvraient leur fenêtre à un moment donné et, soudainement fous de joie devant la nouveauté de leur environnement, se mettaient à chanter à pleins poumons 'It's a Beautiful Day' de U2, seulement pour qu'une gouttelette infectée par le Covid soit emportée par le vent et atterrisse sur une petite vieille dame debout à un arrêt de bus qui, très peu de temps après, est ensuite transportée aux soins intensifs... les sceptiques envisagent-ils même un tel scénario ? Non, bien sûr que non, et c'est pourquoi nous devrions tous être reconnaissants d'avoir eu le NPHET pour nous indiquer clairement ce que nous devions tous faire.

Et cette règle de distance s'appliquait également à tous, même à ceux qui vivaient à la campagne. Quel culot de la part de certains campagnards de penser qu'ils auraient dû bénéficier d'une exemption spéciale de la règle des 5 km ! Oh oui, bien sûr, vous vivez dans un endroit isolé et il n'y a pas une âme en vue et donc vous pensez que le risque est minimal et bien sûr pourquoi ne pouvez-vous pas aller à la plage qui est à 8 km.... espèce d'égoïste. Eh bien, nous savons tous que les gens de la campagne ont tendance à être un peu simples. Pour autant que nous sachions, la science montrera probablement que le Covid peut être porté par les moutons, les chevaux ou d'autres animaux avec lesquels ces gens ont tendance à être tout le temps et que la prochaine étape sera le Crazy Sheep Covid Syndrome (CSCS - trad: Syndrome Covid des moutons fous), qui sera encore pire que la maladie de la vache folle. Eh bien, nous ne savons pas avec certitude et nous devons donc prévoir toutes les éventualités et, à cet égard, la règle de distance a clairement autant de sens à la campagne qu'à la ville.

Mais si le gouvernement m'a réchauffé le cœur, cela n'est rien en comparaison de l'admiration que je ressens pour les médias irlandais, en particulier RTÉ, le radiodiffuseur national. Ils ont fait un travail remarquable pour nous rappeler à tous exactement quel genre de diablerie le Covid était en train de faire à tout moment. À tel point, en fait, que je me souviens d'un matin où, totalement innocemment, j'ai dit à ma femme 'Chérie, veux-tu allumer Covid Radio 1 pour moi s'il te plaît ?' 'Covid Radio 1, Oisín ? Tu veux dire RTÉ Radio 1, mon chéri ?' 'Oh oui, quelle bêtise de ma part !'

Quoi qu'il en soit, la qualité de leur couverture d'information a été tout simplement phénoménale. De mémoire, voici un exemple de l'un de leurs reportages :

> "Bienvenue aux nouvelles de 13h avec Sharon Ní Baoldom. Le NPHET a signalé une augmentation inquiétante du nombre de cas de Covid chez les adolescents et les enfants, 55% des 2 641 derniers cas confirmés appartenant à ce groupe. Nous passons maintenant à notre reporter, Cormac Scaoillmhóir. Cormac ?
>
> Oui, Sharon. Je suis ici à l'école Notre-Dame des Causes Perdues à Drimnagh et quel nom approprié aussi après cette dernière tragédie. Ici, 3 des 123 élèves ont récemment été testés positifs à la maladie et le conseil d'école a donc décidé de fermer l'école pour au moins les 3 prochains mois. Je suis rejoint ici par Séamus, un ami de quelqu'un qui a contracté le Covid-19. Séamus a eu un test PCR négatif avant cette interview. Séamus, parlez-nous de votre ami, Rory :
>
> Ouais, eh bien, Rory, il a eu un peu le nez qui coule, quoi.
>
> Et c'était un mauvais rhume, Séamus ?
>
> Ouais, il avait le nez plein de morve. C'était dégoûtant.
>
> Je vois, cela semble très grave. Eh bien, Sharon, comme vous pouvez l'entendre de Séamus, ce n'est pas seulement une maladie qui peut affecter les personnes très âgées, mais aussi les très jeunes et les personnes par ailleurs en bonne santé. Les préoccupations concernant la sécurité des enfants augmentent parmi les parents qui réclament de plus en plus la fermeture de toutes les écoles pour un avenir prévisible. À vous en studio."

C'est un reportage impitoyablement courageux, tout simplement.

Et, pour en revenir aux pouvoirs en place, notre gouvernement a également pris des décisions impitoyablement correctes, des jugements difficiles qui se sont avérés absolument justes. Par exemple, à mi-parcours de la pandémie, ils ont introduit une quarantaine hôtelière obligatoire, les arrivants dans l'État en provenance de pays spécifiques étant contraints de subir une période de deux semaines, à leurs propres frais, dans un hôtel juste à côté de l'aéroport de Dublin. Or, notez bien, ils n'ont pas seulement introduit cette règle pour les arrivants de n'importe quel vieux pays ou des endroits auxquels vous pourriez vous attendre comme la France ou l'Allemagne... non, ils ont plutôt concentré leurs efforts sur les endroits que vous n'auriez pas nécessairement supposés être les plus grands précurseurs de la maladie sur les côtes irlandaises. Mais si nos agents gouvernementaux ont estimé que des endroits tels que l'Angola, le Rwanda et la Colombie, et d'autres pays de ce type qui n'ont pas de lien de voyage direct avec l'Irlande, étaient les plus susceptibles d'envoyer des hordes de renifleurs dans notre direction, alors je ne doute pas qu'ils suivaient la science. Et de plus, le gouvernement, agissant correctement sur le principe que la prudence est reine, a également été sage face à la possibilité d'épidémies menaçant le monde même des sources les plus improbables — de minuscules pays tels que Monaco, Andorre et Saint-Marin. Bien sûr, à Saint-Marin, un pays de 33 000 habitants, ils avaient typiquement 25 cas par semaine. Ce sont 25 personnes qui auraient pu autrement décider que c'était le moment de visiter l'Irlande. De telles actions sauvent des vies. Et aussi, nous n'avons pas oublié comment Saint-Marin nous a une fois marqué un but au football, leur seul dans l'histoire de ce sport, je crois. La vengeance est douce.

En tout état de cause, ma conclusion concernant la réponse irlandaise à la pandémie est qu'elle a été vraiment merveilleuse dans l'ensemble.

Il y a eu quelques taches sur le tableau, cependant. Par exemple, un individu plutôt désagréable du nom d''Ivor look at the data Cummins' qui débitait des absurdités conspirationnistes sur YouTube chaque semaine. Oh, ce que je n'aurais pas donné pour 'débattre' avec lui avec un sliothar (bâton utilisé dans le sport traditionnel irlandais) ! Et puis, bien sûr, nous avons eu toute une série d'extrêmistes d'extrême droite qui manifestaient à Dublin. Ce n'était pas seulement un comportement antisportif de leur part, mais cela mettait aussi tous les Gardes en danger. Je veux dire, le déploiement du vaccin n'avait même pas commencé à ce moment-là et donc les Gardes ne pouvaient pas les matraquer sans mettre leur propre santé en danger. Mais bien sûr, ce genre de personnes ne peut jamais penser au-delà du bout de leur nez.

Quoi qu'il en soit, il y a des brebis galeuses partout mais, en général, le peuple irlandais a été très bien informé, scientifiquement parlant, tout au long de cette pandémie et j'appelle tous les gouvernements du monde entier à copier notre approche qui était sans doute la meilleure au monde. Eh bien, nous avons tendance à nous dépasser dans à peu près tout ce que nous faisons et il en a été de même avec le Covid.

Cela dit, je dois admettre qu'une partie de moi se sent un peu incertaine quant à la réponse irlandaise à la pandémie. Juste un tout petit peu, c'est tout. Vous voyez, peu de temps après, j'ai aussi appris qu'il existait un tout autre modèle pour gérer le Covid, un modèle qui ressemblait à l'Utopie la plus proche que l'on puisse imaginer (une 'Covidopie' en quelque sorte) et je me suis senti un peu honteux que nous n'ayons pas adopté cette façon de faire en Irlande, aussi magnifiques que fussent nos efforts, bien sûr. Vous voyez, cette autre approche mène à un monde où personne n'est jamais malade du Covid, personne n'en meurt jamais et où tout le monde reste en sécurité pour toujours. Ils appellent cette approche la méthode 'Zéro Covid' et, en substance, tout ce qu'elle implique est que tout le monde dans un pays (et idéalement le monde entier) évite tout contact avec les autres pour le reste de sa vie et se fasse vacciner tous les quatre mois... mais aussi simple et infaillible que soit cette stratégie, seuls quelques endroits courageux l'ont réellement adoptée. Partout où cela a été fait, j'ai une admiration éternelle et immortelle et l'un de ces endroits se trouve être notre prochain pays au Panthéon du Confinement, à savoir...

## AUSTRALIE (HMMM, ILS ONT PEUT-ÊTRE FAIT LE CONFINEMENT UN PEU MIEUX QUE NOUS EN FAIT)

Je n'oublierai jamais le jour où j'ai lu un reportage dans *The Oirish Times* sur la façon dont un agent de sécurité à Perth avait été testé positif au Covid et que toute la ville de deux millions d'habitants avait été immédiatement confinée. À partir de ce moment-là, j'ai été accro. 'Voilà un pays qui prend le Covid au sérieux', me suis-je dit et j'ai immédiatement entrepris de rechercher tout ce que je pouvais trouver sur l'approche de l'Australie. Ce que j'ai trouvé était vraiment un pays de cocagne (ou de 'vaccins et de masques' je suppose que l'on pourrait dire). Vraiment, les Australiens ont excellé à tous égards en ce qui concerne le Covid et rendre justice à leurs réalisations nécessiterait une thèse entière. J'ai donc décidé de me concentrer sur leur programme de vaccination, à partir duquel vous aurez une idée de leur approche généralement magnifique...

## LE PROGRAMME DE VACCINATION AUSTRALIEN

Maintenant, je me suis souvent demandé comment exactement les Wallabies aborderaient la question de la vaccination.... les non-vaccinés seraient-ils (à juste titre) interdits de jouer du didgeridoo en commun ? Il y a quelques mois, j'ai regardé un reportage télévisé du pays d'Oz qui a tout révélé :

> 'Salut Shane. C'est Sheila et je suis dans les rues de Melbourne où les dernières lois sanitaires viennent d'entrer en vigueur. Les non-vaccinés restent interdits d'accès à la plupart des lieux intérieurs mais, à partir d'aujourd'hui, s'ils sont surpris à tousser ou à éternuer en public, ils peuvent être arrêtés et emprisonnés jusqu'à six mois. Les citoyens sont encouragés à surveiller toute personne présentant des signes d'activité virale, même des signes subtils comme un écoulement nasal, et à les signaler à leur police locale. Je suis maintenant rejoint par le chef de la police de district, Mike Giblet. Mike, pouvez-vous nous en dire plus sur ces nouvelles réglementations ?
>
> "Oui, Sheila. Dès le premier jour de cette pandémie, nous nous sommes tous habitués à surveiller les signes typiques d'activité virale chez nous et chez nos proches immédiats. Mais maintenant, il nous est demandé d'étendre cette même vigilance aux autres : si vous repérez quelqu'un qui tousse ou éternue, en particulier si vous avez de bonnes raisons de le suspecter d'être non vacciné,

comme une apparence et un comportement étranges ou le port d'un chapeau en papier d'aluminium, veuillez appeler notre ligne d'assistance dédiée RUD (Reporting Unvaccinated Dangers -trad. 'Signaler les dangers liés à la non-vaccination') au 155 et déposer un rapport. Nous nous occuperons de l'affaire à partir de là."

Merci beaucoup, Monsieur Giblet. Dans un souci d'équilibre, nous sommes maintenant rejoints par *crache* une personne non vaccinée, Michelle. Michelle est équipée d'un micro et se tient à l'autre bout de la place afin de nous protéger tous. Michelle, n'êtes-vous pas une personne dégoûtante ?

"Non, je ne le suis pas.... J'exerce simplement mon autonomie corporelle et j'ai décidé que, étant donné que j'ai des antécédents de réactions anaphylactiques aux vaccins..."

Réactions anaphylactiques ? Rien qu'un EpiPen ne puisse gérer, sûrement ? Comment pouvez-vous être si égoïste ?

"Eh bien, ces réactions peuvent être fatales et..."

Eh bien, le Covid aussi, alors !

"Oui, mais *tousse*, désolé j'ai quelque chose dans la gorge..."

Qu'est-ce que c'était ? Vous avez toussé ?!

"Oui, j'avais quelque chose dans la gorge, mais de toute façon, comme je disais.... hé, qu'est-ce qui se passe ?! Laissez-moi tranquille !!"

Et nous assistons en direct à l'une des premières arrestations en vertu de cette nouvelle législation, effectuée par les meilleurs éléments de Melbourne. Nous pouvons voir que Michelle est maintenant entourée de quatre policiers, tous triple masqués, portant des visières et des matraques stérilisées. Au-dessus, un hélicoptère tourne, d'où le message retentit que tout le monde doit quitter la place. Et, oui, l'un des policiers a maintenant frappé Michelle et elle est à terre, et un autre vient d'intervenir et de la taser. Maintenant, elle est aspergée de désinfectant, enveloppée dans une bâche en plastique résistante aux virus et est hissée dans l'hélicoptère, d'où nous nous attendons à ce qu'elle soit transportée au camp Covid le plus proche. Vraiment, Shane, ce fut une joie d'être témoin d'une telle efficacité policière : c'est pour cela que nous payons nos impôts. À vous en studio !'

Après avoir regardé ce reportage, je n'étais rempli que d'admiration et j'ai immédiatement cherché comment je pourrais émigrer en Australie le plus tôt possible (non pas que, je dois simplement le réitérer, la réponse au Covid dans mon propre pays ait été autre chose que magnifique, mais il y a quelque chose de si merveilleusement pur dans les efforts australiens que cela touche les profondeurs de mon cœur). Malheureusement, ils ne laissent personne entrer pour le moment mais, dès qu'ils le feront, vous pouvez parier que le Prof. Oisín postulera à toutes les universités australiennes qu'il pourra trouver. (J'aimerais faire une étude sur les types optimaux de camps de quarantaine Covid, alors si vous êtes chancelier d'une université Down Under, n'hésitez pas à me contacter).

Et en parlant d'entrer en Australie....

## POLITIQUE FRONTALIÈRE AUSTRALIENNE EN MATIÈRE DE COVID

Les Australiens adoptent également la bonne approche lorsqu'il s'agit de tenir à l'écart les ennemis de la santé publique n° 1, alias les non-vaccinés. Prenons le cas du désormais célèbre M. Novak Djokavic. Ou devrais-je dire M.

NoVAX Djokavic. Ou peut-être même M. NoVAX (quelle blague totale) JOKEavic.[1]

Ce que j'admire le plus dans l'approche du gouvernement australien, c'est qu'il a défendu la sécurité de son peuple à TOUT prix. Le fait que M. Novax ait obtenu une exemption de vaccination et la permission de jouer dans le tournoi n'a pas empêché la force frontalière australienne de le détenir immédiatement à son arrivée et de le placer dans un hôtel de quarantaine en attendant son ordre d'expulsion. De même, lorsque M. Novax a eu l'audace de faire appel de cette décision et de gagner son procès, les Australiens l'ont quand même renvoyé, au motif qu'il constituait une menace pour la 'santé et l'ordre publics'. Voilà ce que j'appelle un véritable leadership.

Et ils ont eu tout à fait raison de le faire.

Et si, par exemple, une partie de sa salive non vaccinée atterrissait sur la balle juste au moment où il s'apprête à servir et que cette même salive était ensuite projetée vers son adversaire qui, distrait de jouer contre quelqu'un de si non vacciné, rate son coup et que la balle atterrit sur une vieille dame dans la foule qui meurt trois jours plus tard parce que, oui, sa salive contenait le Covid.

La possibilité d'une telle tragédie, qui me semble éminemment plausible, a été évitée par les actions décisives du gouvernement australien.

De plus, j'ai été réconforté de voir à quel point les Australiens voulaient que M. Novax quitte leur pays. À la télévision, j'ai vu un jeune homme de 12 ou 13 ans interviewé : 'Eh bien, s'il reste, je ne le regarderai pas parce qu'il n'est pas vacciné', a-t-il dit avec un dégoût évident sur le visage. Bravo, mon garçon. L'avenir est prometteur Down Under.

Alors voilà.... c'est vraiment à quoi ressemble une utopie

moderne, un pays de véritables 'Magiciens d'Oz' en quelque sorte. Et à tous ces critiques de l'Australie qui disent que le succès de leur approche Zéro Covid doit beaucoup à leur position géographique isolée... Mon Dieu, ce genre de personnes a vraiment laissé ses facultés critiques à la porte ! Tous les pays n'ont-ils pas des frontières ? Êtes-vous en train de me dire que vous ne pouvez pas avoir les forces armées à la frontière, transportant tous les arrivants dans des camps gérés par l'État ? Ce genre de choses a déjà été fait dans l'histoire de l'humanité et ce n'est guère au-delà de l'ingéniosité humaine, alors ne me dites pas qu'une stratégie Zéro Covid n'est pas réalisable PARTOUT. Bien sûr, vous pourriez même construire un mur le long de chaque frontière pour empêcher les gens d'entrer. Car quiconque a le nez qui coule et choisit quand même de voyager dans un autre pays n'est pas meilleur qu'un violeur ou un meurtrier à mon avis. Construisez un mur, gardez-les à l'extérieur et protégeons-nous tous MUTUELLEMENT.

Quoi qu'il en soit, nous avons maintenant examiné comment le Zéro Covid peut fonctionner en pratique et je peux vous dire à quel point je suis triste que nous ne l'ayons pas adopté en Irlande (bien que, bien sûr, j'aie saisi toutes les occasions de le promouvoir à la radio). Mais cela ne veut pas dire que, comme en Irlande ou dans notre prochain pays du Panthéon, vous ne pouvez pas réussir fabuleusement bien. Et donc, tournons-nous maintenant vers le Canada qui, bien qu'il n'ait pas eu une approche Zéro Covid, a réussi à atteindre un niveau de soutien sociétal qui, si je suis honnête, me rend encore un peu envieux...

## CANADA (ENCORE UNE FOIS, UN PAYS QUI ME MET UN PEU MAL À L'AISE QUANT À NOTRE PROPRE PERFORMANCE COVID)

Les Canadiens ont toujours été une nation merveilleusement libérale, si différente de leurs voisins immédiats du sud. Je n'ai donc guère été surpris lorsqu'ils ont confiné tout le pays et ordonné à chacun de rester à l'intérieur. Vraiment, suivre les mises à jour provenant de ce beau pays a été une source de joie presque continue. Tout n'a pas été bon, bien sûr. Ces camionneurs marginaux, principalement des Confédérés recrutés du Texas, semble-t-il, étaient tout simplement grotesques... mais je m'en occuperai ailleurs.

Je pense que le succès de l'approche du Canada peut être résumé par la transcription suivante d'une émission de télévision dans laquelle deux jeunes enfants canadiens ont été interviewés pour leurs points de vue sur le programme de vaccination. Tout l'échange était vraiment impressionnant : quels enfants jeunes et profondément intelligents (et pas plus de 10 ou 11 ans !) sont élevés par nos chers amis canadiens. Lisez la suite et soyez inspirés : cela est indicatif du niveau de soutien à l'échelle de la société qui peut être atteint lorsque la communication de votre gouvernement sur la pandémie est vraiment au point.

Hôte : Êtes-vous tous les deux vaccinés ?

Jeune fille : Oui, nous avons tous les deux eu deux doses mais nous avons hâte d'en avoir plus. J'ai demandé un Pfizer pour mon anniversaire mais George veut un BioNTech.

Jeune garçon : Ouais ! Celui-là a l'air tellement cool.

Hôte : Et êtes-vous tous les deux favorables à la vaccination obligatoire ?

Les deux enfants : Oh, genre totalement.

Hôte : Que devrions-nous faire des gens qui ne veulent pas du vaccin ?

Jeune garçon : Nous devrions appeler la police !

Jeune fille : Ou peut-être l'armée. Certaines de ces personnes sont des extrémistes.

Hôte : Et cela devrait-il être obligatoire pour les gens de votre âge aussi ? Devrions-nous appeler la police pour eux ?

Jeune garçon : Absolument ! Lucas me taquine toujours et il n'est pas vacciné. J'aimerais qu'il soit enfermé.

Hôte : Et comment pouvons-nous faire en sorte que les gens prennent le vaccin ?

Jeune garçon : Je pense que nous devrions simplement le leur injecter.

Jeune fille : Non, pas encore. Je pense que ce que le gouvernement fait est parfait pour l'instant, leur couper tout, petit à petit, jusqu'à ce qu'ils se soumettent et se fassent vacciner.

Hôte : Et pourquoi pensez-vous que les gens ne veulent pas prendre le vaccin ?

Les deux enfants : Parce qu'ils sont racistes !

Hôte : Eh bien, il me semble que nous avons ici de futurs politiciens. Applaudissons ces deux-là !

Le public applaudit sauvagement et fait une ovation.'

Vraiment, une fois que vous avez lu ceci, y a-t-il autre chose à dire concernant l'approche du Canada ? Le programme d'information du gouvernement concernant sa réponse à la pandémie est si excellent que même les jeunes enfants peuvent en saisir toutes les nuances.

Encore une fois, cependant, je dois admettre que cela me préoccupe un peu quant à l'approche adoptée dans mon cher pays. Je veux dire, je sais que la plupart d'entre nous étaient à 110% derrière le gouvernement, mais pourquoi n'ai-je pas vu d'interviews d'enfants comme ceux-ci dans The Late Late Show ? Au minimum, Tubbers (Ryan Tubridy pour nos lecteurs étrangers) aurait pu utiliser le spectacle annuel de jouets pour suggérer que le Père Noël ne donne pas de cadeaux aux enfants non vaccinés et peut-être chanter une petite chanson ou deux pour illustrer le propos : 'Tu ferais mieux d'être gentil, d'être vacciné au moins deux fois, que tu sois grand ou petit, le Père Noël vous vaccinera tous !' Hmmm, je ferais mieux d'appeler quelques-uns de mes amis à RTÉ et nous verrons ce que nous pouvons trouver...

Jusqu'à présent, nous avons mis en évidence les forces des approches irlandaise, australienne et canadienne, mais, maintenant que j'y réfléchis vraiment, il y a un pays en particulier qui peut probablement à juste titre être considéré comme le Roi du Covid, du moins en ce qui concerne la gestion des menaces posées par les anti-vaccins. Je veux dire, les Australiens ont eu raison d'indiquer leur désapprobation de Djokavic et c'est toujours formidable quand on peut faire adhérer les enfants, comme au Canada, mais parfois il faut juste des actions concrètes pour soutenir ses paroles, vous savez ? Et quand il s'agit de passer de la parole aux actes, il y a un pays que, quand je regarde en arrière, j'aurais juste souhaité que nous ayons tous eu le courage d'émuler. Mais, pour l'instant, leur exemple sert de modèle pour nous tous, sûrement disponible pour que les dirigeants mondiaux l'adoptent la prochaine fois que nous serons en proie à une pandémie. Et donc nous tournons maintenant notre attention vers....

## AUTRICHE (OK, JE DOIS ADMETTRE QUE CEUX-LÀ ONT VRAIMENT FAIT LE MIEUX)

Quand il s'agit de la crème de la crème du Covid, il n'y a aucun doute dans mon esprit que ce sont nos frères et sœurs autrichiens qui en profitent le plus. J'étais le rédacteur en chef d'un supplément spécial dans *The Oirish Times* qui, je crois, dit tout ce que vous devez savoir sur l'approche de l'Autriche. Alors préparez-vous une tasse de thé et appréciez de vous rappeler le génie autrichien général sur le front du Covid....

'VOICI COMMENT FAIRE !

Dans la dernière édition de ce dossier spécial du *Oirish Times* examinant les différentes réponses au Covid dans le monde, notre expert résident, le Prof. Oisín MacAmadáin, partage son enthousiasme pour les récentes restrictions Covid en Autriche. Là-bas, le gouvernement vient d'introduire la vaccination obligatoire avec des amendes allant jusqu'à 7 200 € et l'emprisonnement pour ceux qui ne s'y conforment pas. La même chose devrait-elle se produire en Irlande ? Lisez la suite et jugez par vous-mêmes !

*La réaction du public décrite comme "très favorable" et "frisant l'euphorie"*

L'ambiance parmi les citoyens dans les rues de Vienne hier soir ne peut être décrite que comme une jubilation.

"Honnêtement, je ne me souviens pas de la dernière fois où j'ai été aussi heureuse ! Enfin, je peux me saouler ou me droguer en toute sécurité avec mes amis, qui sont tous vaccinés bien sûr.... ces affreux délinquants nous ont tous pris en otage bien trop longtemps !" a déclaré Kirsten, une institutrice locale. Pendant ce temps, Kaspar, un comptable, bien que également ravi de la décision du gouvernement, a exprimé une note de prudence : "La seule chose est que je plains tous les autres prisonniers.... même le pire meurtrier ou violeur ne mérite tout simplement pas d'être près de ces gens. Peut-être devraient-ils construire une nouvelle prison ou un camp juste pour les non-vaccinés." "Oui, un camp !" a crié un autre fêtard entièrement vacciné à proximité. "Nous avons besoin d'un camp spécial pour ces gens ! Youpi !" Les scènes de réjouissance et de fêtes de rue se sont poursuivies jusque tard dans la nuit. Des incidents d'éternuements publics ont été signalés mais la police a confirmé qu'aucune enquête n'aurait lieu. C'est parce que les experts estiment que les éternuements vaccinés ne présentent aucun risque pour la santé des autres et peuvent même apporter des bénéfices pour la santé.

*Un professeur d'éthique décrit la décision comme "extrêmement éthique" et "quelque chose qu'Aristote aurait approuvé"*

Le Prof. Ann Schlüss de l'Université de Salzbourg a déclaré que la décision du gouvernement "coche toutes les cases éthiques", même celles de Kant dont la case éthique est "notoirement difficile à cocher." "Écoutez, le fait est que la liberté individuelle doit être équilibrée avec le bien collectif. Personne n'a le droit de se livrer à des meurtres occasionnels au quotidien comme le font actuellement les non-vaccinés. Il n'y a aucun doute dans mon esprit que ce fut une décision aussi éthique que l'on puisse espérer. En fait, j'organise un symposium le mois prochain, dont les actes seront publiés dans un livre intitulé : *Le Vaccin comme Bien Moral : La Politique de Santé Publique Autrichienne Contemporaine Ancrée dans la Tradition de l'Éthique de la Vertu*... un cadeau de Noël idéal et le vôtre pour seulement 139,99 € !"

*Un anti-vaccin fou dit qu'il est heureux de rester à l'intérieur pour le reste de sa vie*

Markus Nütterjob, un membre éminent de l'organisation terroriste anti-vaccin 'Impfung Macht Frei !', a pris l'habitude de crier au mégaphone, depuis son balcon, son mécontentement aux passants devant chez lui. "Ils devront me clouer au sol !", "Une amende de 7 000 ? Bah ! Totalement ça vaut le coup !" "Jamais 'sur mon cadavre' n'a été plus approprié !" Un communiqué de la police publié plus tôt dans la journée a déclaré qu'elle surveillait le comportement de M. Nütterjob suite à des plaintes d'un groupe de résidents locaux qui estiment que l'embargo sur les non-vaccinés quittant leur domicile devrait être étendu à leurs balcons également.

*OPINION : La nouvelle loi reflète un changement dans le paysage politique vers le progressisme*

Il y a seulement quelques années, la politique autrichienne était dominée par l'extrême droite avec une rhétorique ciblant sans merci les musulmans et les immigrants de presque toutes les nationalités. Le virage actuel, par conséquent, vers le ciblage des non-vaccinés peut sans doute être considéré comme le glas du mouvement d'extrême droite autrichien et comme une nouvelle aube pour la politique libérale & progressiste dans le pays. "Je suis si heureux", a déclaré Hermann Hündbisket, homme politique travailliste local, "C'était vraiment horrible de faire partie d'une société où la discrimination à l'égard des groupes minoritaires était si flagrante et quotidienne. Cela me rend si fier de penser que ces jours sont révolus et que les gens ont trouvé un moyen de s'en prendre à un groupe social sans causer de discrimination. C'est une situation gagnant-gagnant s'il en est." Pendant ce temps, le président français, Emmanuel Macron, a appelé le premier ministre autrichien pour lui transmettre ses félicitations concernant les récents changements politiques et lui a offert des mots d'encouragement pour "continuer à emmerder autant de salauds que possible".

*"Nous avons besoin de ça aussi !" dit une femme de Cork à la radio alors qu'un sondage indique que la majorité du public est favorable à une politique à l'autrichienne en Irlande*

L'émission *Lifeline* de Joe Duffers a été inondée d'appelants hier, exprimant leur soutien à la politique de vaccination autrichienne 'Vaccin ou Prison !'. "C'est merveilleux, c'est merveilleux", a déclaré Trisha, une auditrice de Cork. "Nous sommes trop timorés dans ce pays, nous ne faisons que tenir ces théoriciens du complot à l'écart des cafés et des cinémas. Je pense que la menace d'un peu de temps en prison les ferait retrousser leurs manches en un clin d'œil... J'étais ravie le jour où j'ai été vaccinée, sachant que j'étais alors entièrement protégée, mais l'idée que n'importe lequel de ces fous puisse encore me tuer comme ça... alors je suis tout à fait pour faire ce que les Autrichiens font juste pour nous protéger tous." Pendant ce temps, un sondage du *Oirish Times* a indiqué que 82% des répondants soutiendraient l'emprisonnement des non-vaccinés, 13% ne sont pas sûrs et les 5% restants sont actuellement enquêtés par la Gardaí. Le Taoiseach (premier ministre Irlandais) Micheál Martin a suggéré qu'un débat sur un projet de loi concernant la vaccination obligatoire serait une étape logique avant son adoption.'

## CONCLUSION & MENTIONS HONORABLES

Voilà donc mes meilleurs choix pour les meilleures réponses au Covid dans le monde, mais ne soyez pas déçus si votre propre pays ne figure pas sur la liste. Pour être honnête, même si la plupart des endroits n'ont pas été aussi magnifiques que, disons, l'Australie ou l'Autriche, ils ont fait un travail plutôt pas mal tout compte fait. Je veux dire, pensez au Panama, par exemple, où les hommes étaient autorisés à sortir de chez eux un jour et les femmes un autre, ou au Pérou en confinement strict où des soldats patrouillaient les rues et pointaient leurs armes sur quiconque osait sortir sur le pas de sa porte. Et, bien sûr, la chère vieille Nouvelle-Zélande et sa magnifique dirigeante, Jacinda Ardern (oh comme mon ardeur brûle pour Ardern !). Or, je n'ai pas détaillé l'approche de la Nouvelle-Zélande car elle était assez similaire à celle de l'Australie et vous aurez donc une idée générale de ce qu'a été la vie sous le Covid dans cette autre grande nation antipodienne. Par exemple, lorsqu'une famille de trois personnes a contracté le Covid dans les banlieues d'Auckland, toute la ville de 1,6 million d'habitants a été confinée et même avec bien plus de

90% des adultes vaccinés, la période d'isolement pour les contacts étroits est fixée à 24 jours. Un travail de premier ordre.

Mais si la plupart des pays ont adhéré au plan, il y a eu quelques exceptions honteuses, des endroits que vous auriez honte de visiter, d'habiter, ou, à Dieu ne plaise, d'avoir eu la malchance d'y être né. Vraiment, je déteste attirer l'attention sur de tels pays, mais ce livre a pour but de dénoncer la folie partout où elle se trouve, et donc tournons maintenant notre attention vers... Le Panthéon de la Honte du Confinement !

5

# CHAPITRE 5: LE PANTHÉON DE LA HONTE DU CONFINEMENT

## SUÈDE (OU 'LA TRISTE HISTOIRE D'UNE UTOPIE LIBÉRALE DEVENUE UN CAUCHEMAR D'EXTRÊME DROITE')

Oh mon Dieu, la Suède, si je pouvais avoir un euro chaque fois que les cinglés sortent avec le truc 'Il n'y a pas eu de désastre en Suède', alors je vivrais la grande vie sur un yacht avec Klaus et tout l'équipage. Eh bien, regardons les faits, voulez-vous ? Au 20e juillet 2022, le taux de mortalité par habitant dû au Covid en Suède est un énorme... 55e au monde ! Oui, vous avez bien lu. Maintenant, à quel point est-ce absolument terrible... enfin... un peu affreux au moins.... enfin, en fait, tout à fait respectable si l'on y pense.... mais non, non, le fait est que plus de personnes sont mortes par habitant en Suède que dans d'autres pays nordiques comme la Finlande ou la Norvège ! Voilà ! Après tout, c'est clairement la comparaison la plus importante à faire ici et ne pensez pas le contraire.

De même, vous devriez toujours vous méfier des personnes qui ne sont pas averses au risque et encore plus si vous parlez de la mentalité de toute une nation d'accros à l'adrénaline en quête de mort comme la Suède. En effet, au début, la modélisation des décès dus au Covid de l'Imperial College (dont vous vous souviendrez qu'elle a été adoptée au Royaume-Uni et ailleurs) suggérait que l'approche de la Suède entraînerait environ 90 000 décès dans ce pays d'ici juin 2020. 90 000 ! Et pourtant, les Suédois obstinés ont bizarrement ignoré cette apocalypse potentielle imminente et ont dit aux gens de vaquer à leurs occupations en grande partie normalement, pas un masque en vue et, tenez-vous bien, ils ont fait confiance aux gens pour ne pas s'éternuer dessus ! Oui, c'est ça, pas un seul policier n'a été chargé de surveiller les comportements d'éternuement des gens. Pure folie. Et, d'accord, il n'y a pas eu tout à fait 90 000 décès en ce mois de juin, donc tout ce que je peux dire, c'est qu'ils ont eu beaucoup de chance, mais avec un peu plus de 2 000 décès, eh bien, bien sûr, ils étaient en bonne voie.

Et quant à Neil Ferguson, l'homme à la tête de cette modélisation de l'Imperial College, lorsqu'il a fait cette déclaration extravagante en ce même mois de juin, selon laquelle la Suède avait en fait 'fait un long chemin pour [atteindre] le même effet (qu'un confinement)'[1] tout ce que je peux dire, c'est que nous avons tous nos faiblesses et l'homme ne devrait-il pas avoir plus confiance en ses propres modèles et peut-être suivre une thérapie pour travailler sur son estime de soi.

De plus, même si vous étiez quelque peu troublé par l'idée que l'approche sans confinement de la Suède aurait pu être justifiée, permettez-moi de vous rappeler que vous ne devriez JAMAIS prendre les choses au pied de la lettre.

Après tout, imaginez ce que c'est là-haut en Suède, ces vastes plaines vides, remplies d'élans errants et de bergers occasionnels. Bien sûr, il faudrait faire des pieds et des mains pour attraper le virus. De plus, même avec les quelques Suédois qui vivent en ville, ils sont très réservés et détestent absolument le contact physique. Avez-vous déjà vu deux Suédois s'embrasser ? Écoutez, mon propos est qu'ils sont un peu étranges là-haut et ce genre de faits ne devrait pas être exempté de discussion scientifique. La Suède est clairement une tout autre paire de manches que le reste du monde.

Pour bien faire comprendre mon point de vue, je colle ici, avec son aimable permission, une conversation WhatsApp que j'ai eue au tout début avec ma chère amie à Stockholm, Saga Loren, qui était terriblement préoccupée par la direction que prenait son pays et qui a été, en effet, la première personne à m'informer du cauchemar qui s'y déroulait :

'Oisín : Salut Saga, quoi de neuf mon amie amatrice de poisson fermenté?

Saga : Oh Oisín, je suis tellement déprimée. Tout est un cauchemar total ici.

Oisín : Oh, ici aussi, Saga.... le Covid est une telle bête....

Saga : Non, Oisín, non.... Je veux dire qu'il n'y a pas de confinement ici!

Oisín : Quoooooi?!!!!! Je n'y crois pas!

Saga : Je sais. Je suis vraiment au plus bas. Les gens se promènent comme si tout était totalement normal.... pas de masques ni de distanciation... les gens sont autorisés à aller dans les cafés et à se rendre visite chez eux....

Oisín : Oh mon Dieu! Quelle folie.... cela doit être tellement difficile pour ta santé mentale, Saga....

Saga : Je suis plus déprimée que jamais. C'est comme vivre dans un univers parallèle, voir tous ces visages....

Oisín : Oh Saga, je te suggérerais de venir tout de suite en Irlande mais tu pourrais être un risque d'infection. Alors tu ferais mieux de rester là-bas, j'ai peur.

Saga : Bien sûr, Oisín, je ne ferais jamais ça. Je resterai dans mon studio loft aussi longtemps qu'il le faudra. Je ferai ce qu'il faut même si personne d'autre ne le fera... contrairement à ma grand-mère, mon Dieu aide-nous....

Oisín : Qu'a-t-elle fait!!!

Saga : Elle dit qu'elle est toujours un être libre et qu'elle veut son Fika de l'après-midi, alors elle sort, dans les rues, dit que c'est son risque à prendre...

Oisín : Ici, elle serait arrêtée pour mise en danger de la santé publique!!!

Saga : Eh bien, tu vis dans un pays civilisé, Oisín.... mais ce n'est pas seulement ma grand-mère, toutes les mamies sont dehors et aucun policier ne lève même le petit doigt.

Oisín : Ils doivent être endoctrinés. Un parfait exemple de propagande d'État....

Saga : Oui, ici nous sommes dominés par Anders Tegnell qui dit que les confinements causeront plus de mal que de bien....

> Oisín : Cet homme est fou! Oh mon Dieu, je suis tellement désolé pour toi Saga. Sache juste que lorsque les sacs mortuaires s'empileront dans les rues, tu auras fait tout ce que tu pouvais...
>
> Saga : Merci Oisín, j'essaierai de garder le moral et mon masque sur le visage.'

Je suis resté en contact avec Saga tout au long de la pandémie. Cela est resté très difficile pour elle, mais je suis heureux de vous annoncer qu'elle a finalement réussi à émigrer et m'a maintenant rejoint dans la belle Termonfeckin. Eh bien, je ne la vois jamais, car elle est toujours confinée dans son appartement, mais elle dit qu'elle est tellement plus heureuse de faire cela ici qu'elle ne l'était à Stockholm. La perte de la Suède, c'est tout ce que je peux dire.

Évidemment, il a été tragique de voir comment un pays autrefois libéral et progressiste comme la Suède est tombé en proie à l'extrémisme de droite, mais notre prochain pays du Panthéon de la Honte n'a pas connu une telle transition. En effet, c'est plutôt le genre d'endroit où l'on s'attendrait à une réponse loufoque au Covid, dirigé, comme il l'est, par un certain dictateur du nom de M. Loukachenko qui y détient le pouvoir depuis plus de 30 ans. Oui, en effet, je parle de...

## BIÉLORUSSIE (OU 'LE PAYS OÙ L'ON CROIT QUE LA VODKA TUE LE COVID')

Alors, qu'a fait ce M. Loukachenko lorsque le virus a menacé ses frontières ? Comment s'y est-il pris pour protéger son peuple ? Il leur a dit de boire de la vodka ! Voici ce qu'il a dit : 'Je ne bois pas, mais récemment, j'ai dit que les gens devraient non seulement se laver les mains avec de la vodka, mais aussi empoisonner le virus avec. Vous devriez boire l'équivalent de 40 à 50 ml d'alcool rectifié par jour. Mais pas au travail.'

Bon sang, parler de rire de la gravité de la situation ! Avec des conseils aussi loufoques, on pourrait presque penser qu'il ne considérait pas la réponse à la pandémie dans d'autres pays comme autre chose que de la folie. Et c'est ce qu'il a en fait sous-entendu lorsqu'il a également dit : "J'appelle ce coronavirus rien d'autre qu'une psychose sociétale, et je ne le nierai jamais, car j'ai traversé de nombreuses situations de psychose avec vous, et nous savons quels en ont été les résultats..."

Oh, alors ce M. 'Buvons un coup et tout ira bien, Président' pense que nous sommes tous 'psychosés', c'est ça ? Ne sait-il pas à quel point cette situation est absolument GRAVE ?! Que le monde n'a JAMAIS fait face à une menace plus dangereuse ?!! Que nos vies devraient changer entièrement et pour toujours ?!!! Que le contact humain est évidemment la chose la plus dangereuse pour notre santé !!!! Nierait-il que les enfants ne devraient pas porter leurs masques à l'école ni grandir dans la peur de mourir de ce virus mortel ni de tuer leurs parents avec ?!!!!! Dit-il honnêtement que ce genre de croyances découle de la psychose ?!!!!!! Jésus, cet homme doit être interné.

Et il y a déjà assez d'alcooliques en Biélorussie sans ce genre de bénédiction étatique de la boisson.

Mais M. Loukachenko, sans doute du genre à aimer le son de sa propre voix, avait encore plus à dire sur le Covid, notamment : 'Mieux vaut mourir debout que vivre à genoux'. Maintenant, quel genre de message est-*ce* pour le dirigeant d'un pays à donner à son peuple ? Pense-t-il honnêtement que le risque est une partie inhérente de la vie qui doit être acceptée, carpe diem, et ainsi de suite ? Mon Dieu, oui, le risque fait partie de la vie, mais il n'est là que pour être MINIMISÉ et ÉLIMINÉ complètement. Et, d'ailleurs, cet homme ne sait-il pas que certains d'entre nous ont des oignons aux pieds et ne peuvent de toute façon pas rester debout longtemps ?

En tout état de cause, au cours des deux dernières années, j'ai souvent repensé aux heures sombres précédentes de l'humanité et aux exemples de la façon dont les gens ont agi face à l'adversité. Par exemple, mon esprit revient fréquemment à la Seconde Guerre mondiale et à tous les braves alliés qui ont combattu et souvent donné leur vie afin que nous puissions maintenant être en sécurité, commander des plats à emporter le soir et regarder en rafale nos émissions Netflix préférées. Ce sont les valeurs que nous, en Occident, chérissons et que nous devons protéger à tout prix. Et que devons-nous penser de la vision du monde tordue et déformée de M. Loukachenko lorsque, quelques mois seulement après le début de la pandémie, il maintient le défilé du Jour de la Victoire du 9<sup>e</sup> mai, commémorant la défaite d'Hitler, avec 20 000 soldats et spectateurs ? Comment a-t-il justifié cet acte flagrant ? "Nous ne pouvions tout simplement pas faire autrement, nous n'avions pas d'autre choix. Et même si nous en avions eu un, nous aurions tout fait de la même manière. Les yeux des soldats morts nous regardent, les yeux des partisans torturés et des combattants clandestins [...] Ils voulaient vivre mais sont morts pour nous." Incroyable ! Et n'est-il jamais venu à l'esprit de M. Loukachenko que ces mêmes yeux de soldats morts regardaient probablement ces foules du Jour de la Victoire pour ne voir que des gens tousser et éternuer, s'effondrer un par un et être emmenés à la morgue la plus proche ? Et que ces mêmes yeux des morts auraient probablement préféré vivre à une époque où ils pouvaient commander des nuggets de poulet et des frites sur Deliveroo ? Honnêtement, cet homme ne comprend-il pas ce que signifie réellement le progrès ?

Et qu'en est-il des piles de cadavres qui ont inévitablement résulté d'une telle 'stratégie' ? C'est là que les choses deviennent vraiment sinistres et montrent à quel point on ne peut pas faire confiance à de tels dirigeants autocratiques. Le nombre supposé de décès dus au Covid en Biélorussie, au 25e mars 2022, est de 6 759. C'est dans un pays de plus de 9 millions d'habitants. En Irlande, un pays avec la moitié de cette population, nous avons eu presque le même nombre exact de décès, soit environ 6 693, et ce malgré l'un des confinements les plus stricts d'Europe. Donc, quelque chose me semble vraiment louche ici, de fausses nouvelles, sans aucun doute ou, au mieux, les fonctionnaires responsables du décompte des décès étaient trop ivres pour faire leur travail correctement.

Eh bien, c'en est assez pour la Biélorussie, mais notre prochain pays n'a pas non plus fait le travail correctement, non pas par une malice particulière, je m'empresse d'ajouter, mais franchement par une certaine paresse, et nous passons donc à....

## MEXIQUE (OU 'HASTA MAÑANA SEÑOR COVID' ?)

Maintenant, si les approches gouvernementales en Suède et en Biélorussie étaient tout simplement épouvantables, tous les pays qui ont eu une mauvaise passe pendant la pandémie n'ont pas été vraiment atroces. Certains ont juste été assez affreux et le Mexique tombe dans cette catégorie. Pour expliquer ce que je veux dire, je vais coller ici la transcription d'une interview que j'ai réalisée avec un député mexicain, M. Manuel Tamales, à peu près à mi-parcours de la pandémie. Comme vous le verrez, je pense que cela parle de soi.

'Moi : Monsieur Manuel Tamales, vous êtes....

MT : Mon nom est Manuel Tamaron, en fait.

Moi : Monsieur Tamales, vous vous dites politicien, représentant élu du peuple, et pourtant, ne serait-il pas juste de dire que pendant que Rome brûlait, vous vous êtes simplement tourné les pouces ?

MT : Je ne suis pas sûr de comprendre ce que vous voulez dire, señor.

Moi : Je veux dire que cette maladie mortelle, ce virus mortel, se propage dans vos terres, et qu'avez-vous fait pour le contenir ? Pas de confinement perpétuel ? Vous laissez toujours les gens travailler ? Et les touristes entrent sans même un test négatif et des touristes non vaccinés en plus ? Et votre Président vient de dire que le coronavirus n'est PAS la peste ?

MT : Ah je vois, Señor. Oui, nous avons donné des conseils appropriés à la population, hygiène, distanciation sociale, et nous avons aussi un système de feux de signalisation — dans les zones où le virus a une incidence plus élevée, nous prenons des mesures plus proportionnées. Il n'y a aucun intérêt à confiner tout le monde tout le temps, après tout, les gens ont besoin de gagner leur vie et....

Moi : Gagner sa vie ? Quoi ?! Vous voulez dire que vous ne pouvez pas simplement les payer pour qu'ils restent à la maison afin de garder tout le monde EN SÉCURITÉ ?! C'est ce que nous faisons ici. Nous appelons cela le PUP ('Pandemic Universal Payment' - trad: Paiement de Chômage Pandémique) (et ils l'acceptent comme des chiots aussi). Sûrement cela devrait être considéré comme un échec massif de la part de votre gouvernement ?

MT : Señor, nous ne pouvons pas nous permettre de payer tout le monde dans le pays pour ne rien faire. Nous ferions faillite assez rapidement et ce serait un désastre. Très vite, nous n'aurions plus d'argent pour gérer quoi que ce soit, y compris le service de santé lui-même. Sûrement même un pays riche comme le vôtre ne poursuivrait pas une politique aussi folle ?

Moi : C'est une partie essentielle de toute la stratégie, Monsieur Tabasco. Ne le voyez-vous pas ? Ou pensez-vous que vous êtes juste trop chaud à gérer, ha ha ?

MT : Que ?

Moi : Et votre bilan de morts est horrible ! À ce jour (9$^{e}$ avril 2021), il est de 206 146 ! Cela signifie que vous avez le 14$^{e}$ taux de mortalité le plus élevé au monde !

MT : Oui, señor, mais nous sommes un pays de 126 millions d'habitants et notre taux de mortalité par habitant n'est pas vraiment différent de celui de la France, du Royaume-Uni, de la Pologne ou de ce pays à risque pour lequel vous avez vous-mêmes introduit une quarantaine récemment, Andorre.

Moi : Ce ne sont que des mensonges et des statistiques avec vous, n'est-ce pas ? Mais ce que je veux savoir, c'est si vous avez la police dans les rues, arrêtant les gens s'ils se rassemblent en groupe ? Font-ils, au moins, leur devoir ?

MT : Señor, ce matin même, une famille a été enlevée dans ma ville. Hier, cinq innocents ont été assassinés par des gangs de trafiquants de drogue pour ne pas avoir payé leurs rançons. Notre police est occupée à combattre ces vrais problèmes. Ce ne devrait pas être un crime pour les gens de se voir. Votre police ne doit vraiment rien avoir de mieux à faire et vous avez de la chance pour cela. Nous faisons de notre mieux ici en Mexique. La vie n'est jamais parfaite. Bonne journée à vous.'

Eh bien, eh bien, eh bien, Monsieur Tortilla a vraiment été mis en évidence là, n'est-ce pas ? Eh bien, vous pourriez dire qu'au moins ils faisaient *quelque chose* pour combattre le vieux Covid. Mais quelque chose n'est tout simplement pas suffisant, n'est-ce pas ? C'est tout ou rien, et c'est vraiment pourquoi j'ai choisi le Mexique ici pour donner un exemple du manque typique de priorités que nous avons observé DANS le monde en développement pendant cette pandémie. Pourquoi diable ce groupe ne semble-t-il jamais comprendre à quel point le Covid est un problème grave ? Ne veulent-ils même pas devenir comme nous ?

Bien sûr, certains des endroits les plus décevants de ces dernières années ont cette distinction douteuse non pas à cause des actions de leurs gouvernements, mais parce que la majorité de la population en question ne veut tout simplement pas faire ce qu'on lui dit. Ce sont les peuples d'Europe de l'Est qui sont les plus à blâmer dans ce cas. Alors que leurs gouvernements ont consciencieusement ordonné à leurs populations de rester chez elles et de se faire quadruplement vacciner, la plupart de leurs peuples n'en ont rien voulu. Apparemment, bien que je ne puisse pas comprendre pourquoi, toute la situation du Covid leur rappelle leur passé communiste. Très étrange. Je veux dire, sous le communisme, les protestations étaient interdites, les dissidents ostracisés, la police contrôlait les mouvements des gens, les associations libres étaient bannies, les gens perdaient leur emploi pour avoir exprimé leur opinion et les médias vantaient la ligne gouvernementale. Tout ce que je peux dire, c'est qu'il faudrait être *très* illusionné pour comparer cela aux États-Unis, à la France, à l'Australie ou, en effet, à l'Irlande d'aujourd'hui.

Évidemment, il y a pas mal de ces anciens pays communistes et nous n'avons pas besoin de tous les discuter. Au lieu de cela, prenons un exemple représentatif et portons notre attention sur.....

## ROUMANIE (OU 'LES CONSEILS SINCÈRES ET CORDIAUX D'OISÍN AU GOUVERNEMENT ROUMAIN')

Chaque matin, ma femme et moi nous installons avec notre thé pour lire *The Oirish Times.* Nous lisons chacun notre tour chaque article à l'autre et, mon Dieu, nous nous accrochons vraiment à chaque mot. L'ensemble est franchement devenu une sorte de rituel religieux et nous prend bien quelques heures. Quoi qu'il en soit, hier matin, nous étions tous deux très préoccupés de voir l'article suivant dans la section des nouvelles irlandaises :

> 'L'hésitation vaccinale en Irlande est la plus élevée chez les Européens de l'Est
>
> Une nouvelle étude suggère que les niveaux les plus élevés d'hésitation vaccinale se trouvent parmi les communautés d'Europe de l'Est et en particulier les communautés bulgares et roumaines. En raison d'une histoire d'oppression gouvernementale, beaucoup au sein de ces groupes se méfient de l'autorité gouvernementale et les théories du complot sont courantes. De plus, la Roumanie et la Bulgarie ont les niveaux les plus bas d'adoption du vaccin Covid dans l'Union européenne et.....'

'Mon Dieu,' dis-je. 'Elena n'est-elle pas d'un de ces pays, ma chérie ?'

'Mais oui, je crois que oui. N'est-elle pas Roumaine ?'

Nous nous sommes regardés, horrifiés par la réalisation naissante que notre femme de ménage hebdomadaire était très probablement d'avis que Bill Gates s'apprêtait à diriger le monde et, pire, qu'elle n'était probablement pas vaccinée.

Simultanément, nous avons tous deux dit : 'Nous ne pouvons pas avoir de gouttelettes non vaccinées dans la maison.'

'Mais comment pouvons-nous lui demander ou la convaincre de prendre le vaccin si elle ne l'a pas fait ?'

'Je vais devoir trouver les bons mots d'une manière ou d'une autre.... quand vient-elle la prochaine fois ? Oh, non, c'est aujourd'hui, n'est-ce pas ? Oui, c'est le cas et il est presque l'heure !'

'Bonjour Monsieur et Madame MacAmadáins !', appela Elena depuis le couloir.

Ma femme s'est enfuie par une échelle vers la sécurité du grenier pendant que je me positionnais dans ce que je considérais comme ma position la plus stratégique étant donné les circonstances.

'Vous allez bien, Monsieur MacAmadáin ?' L'expression d'Elena était quelque peu interrogative alors qu'elle apercevait mes pieds sous la table de la cuisine.

'Oh, oui, bien, bien. C'est un bel endroit ici. J'ai, euh, pris l'habitude de faire mes recherches ici. C'est un endroit étonnamment bon pour réfléchir.'

'Ah, d'accord, Monsieur MacAmadáin. Dois-je commencer par la cuisine, alors ?'

'Ok, oui, après tout, nous devons parler de quelque chose.'

Si je devais jamais admettre une faute,[2] ce serait que

parfois je ne trouve pas tout à fait les bons mots pour ce genre d'occasions. En effet, ce qui s'est passé ensuite a été un peu un tourbillon. Ce dont je me souviens, c'est que les choses se sont un peu échauffées lorsque j'ai suggéré, parfaitement innocemment, que la majorité des Roumains souffraient clairement d'une sorte de maladie mentale paranoïaque et aussi que les derniers mots d'Elena en claquant la porte d'entrée furent 'Vous pensez que ce n'est pas comme ce que nous avons vécu sous Ceauşescu ?! Laissez-moi vous dire, Ceauşescu se retourne dans sa putain de tombe de ne pas y avoir pensé ! Quel génie de contrôler tout le monde avec cette putain de grippe ! Oui, je vais me faire vacciner et je vais vous le foutre au cul !' et des mots de ce genre. Bref, ça ne s'est vraiment pas bien passé, mais au moins nous n'avons plus à nous soucier des ramifications probablement désastreuses des mains non vaccinées nettoyant notre cristal de Waterford.

Une fois l'incident terminé et toutes les assiettes et tasses cassées ramassées et le salon fumigé, je me suis assis pour écrire à l'ambassade de Roumanie. Après tout, me suis-je dit, je ne pourrais peut-être pas convaincre des gens comme Elena lors d'une conversation en tête-à-tête, mais peut-être puis-je mettre mon expertise au service de la persuasion du gouvernement roumain lui-même pour mieux gérer toute cette situation. Ma lettre disait :

> 'À qui de droit,
>
> Je vous écris pour vous offrir mes conseils concernant le faible taux d'adoption de la vaccination Covid dans votre beau pays dont je suis un fervent admirateur depuis que j'ai regardé Borat.
>
> Après m'être penché sur la question, je crois que la

meilleure stratégie de vaccination que vous puissiez adopter serait d'utiliser vos mythes folkloriques traditionnels. Que diriez-vous d'une campagne de vaccination centrée sur des images de Dracula ? Avec le texte : 'Une seule morsure et vous êtes immunisé !' Bien sûr, vous devriez probablement vous assurer que certaines des connotations originales de l'histoire de Dracula, comme l'idée qu'il avait des victimes qu'il assassinait, sont minimisées.

Je vous laisse cette question à votre attention mais n'hésitez pas à me faire savoir si je peux vous être d'une aide supplémentaire.

Sincèrement vôtre,
Prof. Oisín MacAmadáin'

Je n'ai pas encore reçu de réponse, bien que je ne doute pas que ma lettre soit examinée par le cabinet roumain en ce moment même.

Maintenant, si l'on peut s'attendre à ce que certains endroits du monde ne soient pas tout à fait à la hauteur dans leurs réponses au Covid (non pas que vous deviez faire des concessions à cet égard, bien sûr), il y a des endroits où vous ne devineriez tout simplement jamais que cela est possible. Et l'un de ces endroits est le Pays du Progrès, de la Pensée Scientifique et de toutes ces choses. Mais même aux États-Unis d'Amérique, tout n'a pas été partout bien à l'époque du Covid, comme j'allais l'apprendre à mes dépens.....

## FLORIDE (OU 'LE CONTE DES VACANCES CAUCHEMARDESQUES D'OISÍN')

Depuis de nombreuses années maintenant, ma femme et moi partons pour la Floride ensoleillée chaque hiver pour échapper aux frissons de l'hiver irlandais. Cela a été mis en suspens par les ravages de la pandémie mais, une fois que nous avons tous deux été entièrement vaccinés et autorisés à retourner aux États-Unis, nous nous sommes dit 'pourquoi pas ?' et nous sommes partis. Pas de problème pour passer des vacances au soleil, tant que tout le monde autour de vous est triplement vacciné, masqué et se tient à distance, n'est-ce pas ?

Dans l'avion, nous étions assis de l'autre côté de l'allée d'une dame de Floride, Martha. Elle était assez gentille, bavardant aimablement. J'ai demandé si nous pouvions nous attendre à de belles et strictes restrictions, peut-être un couvre-feu nocturne, ou à repérer des personnes non vaccinées en train d'être rassemblées dans la rue, vous savez le genre de chose qui ajoute de la valeur à n'importe quelles vacances, et ce qu'elle a dit ensuite ne nous a-t-il pas tous deux rendus d'une pâleur mortelle : 'Oh, nous n'avons aucune restriction en Floride. Nous n'en avons pas eu depuis bien plus de 18 mois, en fait.'

Je me suis tourné vers ma femme, mes jambes soudainement comme de la gelée et visiblement tremblantes. 'Comment vais-je survivre, comment vais-je survivre ?', ai-je murmuré, comme en transe. Alors que ma chère femme essayait de me consoler, une hôtesse de l'air est venue me demander si j'allais bien. 'Vous devez faire demi-tour avec l'avion', lui ai-je dit. L'hôtesse m'a lancé un regard étrange. 'Nous ne pouvons vraiment pas faire ça, monsieur,' avant de se tourner vers ma femme, 'Votre mari est-il un passager nerveux, madame ?' 'Non, il est juste nerveux à l'idée d'aller en Floride....', a répondu ma femme. 'Eh bien, il aurait dû savoir où il allait avant de réserver un billet là-bas', et elle est partie, sans même une pensée pour les quasi-convulsions que j'avais à ce stade.

Je ne suis pas du genre à boire, mais cela semblait être la seule option pour me calmer et ainsi, quelques Gin-Tonics plus tard, j'ai commencé à m'assoupir. Mes rêves étaient agités : des hommes visiblement reniflant, coiffés de casquettes MAGA, s'embrassant lors d'une sorte de rassemblement sur la façon dont le droit de porter des armes était la meilleure défense contre le Covid. Je ne savais pas que ce cauchemar n'était qu'une fraction de l'enfer sur terre qui m'attendait encore.

Alors que nous atterrissions, je me suis tourné vers ma femme : 'Comment n'avons-nous pas su cela ? Je lis *The Oirish Times* tous les jours – je veux dire, j'écris pour eux, bon sang ! – et pas une seule fois ils n'ont ne serait-ce que laissé entendre qu'il existait un endroit aussi complètement fou et dérangé. Devons-nous simplement rester dans l'avion et prendre le vol de retour ?'

'Écoute, ma chérie,' répondit ma femme. 'Pourquoi ne pas essayer d'en profiter au maximum ? Nous serons aussi prudents que possible et je suis sûre que nous pouvons encore passer de superbes vacances.'

J'ai accepté à contrecœur d'essayer et je me suis presque convaincu que tout irait bien.

Mais le lendemain, mes nerfs n'étaient pas meilleurs. Le matin, j'ai allumé la télévision et un certain Ron DeSantis, gouverneur de Floride, est apparu. 'Personne ne perdra son emploi à cause de sa décision personnelle de ne pas être vacciné', a-t-il proclamé, 'Jamais sous ma surveillance et jamais en Floride !'

'Oh mon Dieu, ça empire de plus en plus ! Quiconque nous sert pourrait être non vacciné ! Oh mon Dieu.... et voilà, vous pensez que vous achetez juste un bon Frappuccino au chou frisé et à l'avoine et au lieu de ça, ça s'avère être un café de la mort.... oh non, oh non, je ne peux pas faire ça ! Écoute, chérie, pourquoi ne restons-nous pas simplement dans notre chambre d'hôtel pendant la quinzaine, prenons le service en chambre....'

'Maintenant, Oisín, je sais que tu peux le faire. Allez, mettons nos masques et nos visières et descendons prendre le petit-déjeuner.'

En descendant au buffet, j'ai été horrifié de voir une pièce bondée de gens qui se promenaient sans un masque en vue. 'Je ne suis pas sûr de pouvoir faire ça, ma chérie, vraiment pas.' 'Tu peux, Oisín, tu peux. Viens, asseyons-nous ici.'

Essayant de me changer les idées de la foule, j'ai pris le journal local. Un petit titre a attiré mon attention : 'Une étude montre que 91 % des Démocrates sont entièrement vaccinés, tandis que seulement 60 % des Républicains ont reçu au moins une dose.'

'60 %, 60 %, oh Seigneur, et nous sommes dans un État républicain, cela signifie que jusqu'à 40 % des personnes dans cette pièce pourraient me tuer et probablement encore plus que cela, car une seule dose ne compte même pas.... oh Seigneur, oh Seigneur.... je me sens désespéré....'

La chose suivante que je sus, c'est que j'étais revenu à moi dans notre chambre. Un médecin me regardait avec une expression de préoccupation évidente.

'Il semblerait que ce soit un cas d'anxiété aiguë, madame', dit-il. 'Ce dont cet homme a besoin, ce sont des vacances'.

'Oh non, je ne veux pas de vacances ! Je veux être de

retour dans la bonne vieille Irlande, le pays des gens sains d'esprit, je n'en peux plus ici !'

'Je crains de ne pouvoir vous aider davantage, madame.' Et sur ce, le médecin partit. Ma femme me tenait la main.

'Je suis désolé, ma chérie,' dis-je. 'Je reconnais que ce ne peut pas être de très bonnes vacances pour toi.'

'C'est bon, Oisín. Tu as raison d'avoir peur. Écoute, pourquoi ne rentrons-nous pas simplement à la maison ?'

Mes yeux s'illuminèrent. 'Oui, ma douce, rentrons à la maison. Oh, je peux l'imaginer maintenant.... verser une tasse de thé, allumer la radio, entendre les derniers chiffres de cas et de décès, lire le journal sur les restrictions les plus récentes.... oh, je me calme déjà ! Faisons-le, chérie ! Rentrons à la maison.'

Et sur ce, nous avons réservé le prochain vol Aer Linctus pour l'Irlande. Quel moment ce fut d'arriver à nouveau par les portes de notre propre maison. Et pas une Mickey Mouse en vue, bien qu'à ce jour, huit mois plus tard, je ne puisse toujours pas regarder un film Disney avec lui sans faire une crise de panique. Ma femme me presse d'aller en thérapie pour discuter de mes peurs de lui avec un professionnel qualifié, mais j'ai peur que cela signifie qu'il se passe quelque chose de gravement anormal au plus profond de mon subconscient. Alors, je vais juste continuer du mieux que je peux pour l'instant.

Ce que je peux dire avec certitude, c'est que je ne retournerai plus jamais dans un endroit aussi dingue que la Floride.

Quoi qu'il en soit, d'une certaine manière, je suis désolé de vous avoir entraîné à travers tout ce qui précède. La nature humaine a deux facettes et, malheureusement, nous avons été témoins de son côté le plus sombre en abondance au cours des dernières années. Mais nous avons aussi été témoins de notre bon côté dans tous les domaines qui comptent vraiment, et je suis donc heureux de revenir maintenant à des horizons plus ensoleillés et à l'un des aspects les plus émouvants et les plus beaux de ces dernières années.... oui, vous l'avez compris ! Il est temps, enfin, de parler du vaccin !

6

# CHAPITRE 6: RETROUSSEZ VOS MANCHES TOUT LE MONDE!

Nous avançons donc à grands pas à ce stade. Nous avons déjà démystifié certains des mythes les plus pernicieux concernant le Covid et avons également examiné le meilleur et le pire de la manière dont les pays ont réagi au virus. Mais il y a encore tellement de choses à venir et nous nous tournons maintenant vers l'un des aspects les plus impressionnants et les plus émouvants de cette pandémie : le vaccin. En effet, si quelqu'un vous avait dit, en mars 2020, que toutes les grandes entreprises pharmaceutiques non seulement créeraient un vaccin salvateur, mais accompliraient également tous les contrôles et équilibres nécessaires pour s'assurer qu'il était super sûr (un processus qui prend normalement près d'une décennie) en moins de 9 mois, les auriez-vous crus ? Et pourtant, c'est exactement ce qui s'est passé ! Et non seulement cela, mais que ces grandes entreprises pharmaceutiques réaliseraient cet exploit en utilisant une technologie qui n'avait jamais été approuvée auparavant pour aucun vaccin précédent ou aucun médicament de quelque nature que ce soit... Je veux dire, l'esprit s'embrouille. Ces gens sont vraiment nos chevaliers en armure étincelante et, pour ma part, je leur serai éternellement reconnaissant.

En effet, je n'oublierai jamais le jour où j'ai reçu le message de mon médecin traitant : 'Oisín, un créneau pour votre vaccination est disponible'. Ce fut le plus beau des moments, le jour le plus heureux de ma vie et bien sûr, j'étais là en un clin d'œil, tout sourire au moment où l'aiguille est entrée. Et puis, je n'oublierai jamais le deuxième jour le plus heureux de ma vie lorsque j'ai reçu le message pour ma prochaine injection. 'Oh, docteur, c'est si bon de vous revoir !', ai-je dit, alors qu'il me piquait le bras une fois de plus. Et puis, ô joie des joies, sont venus les troisième, quatrième, cinquième, sixième, septième jours les plus heureux de ma vie, et chaque jour rempli de plus que sa juste part d'euphorie. Et aujourd'hui, alors que j'écris ces mots, je reviens tout juste de ma huitième injection et on m'a assuré que, enfin, je ne risque plus de mourir du Covid. Eh bien, très probablement en tout cas, mais j'en prendrai autant qu'il le faudra. Oh, les merveilles de la médecine moderne, c'est tout ce que je peux dire.

En effet, pour ma part, je n'ai aucun problème à me faire vacciner tous les quelques mois, aussi longtemps que je vivrai. Je ne suis certainement pas de ceux qui adhèrent au cliché typique des anti-vax 'oh, si les vaccins fonctionnent, pourquoi auriez-vous besoin de plus en plus de rappels, cela montre sûrement qu'ils sont inefficaces'. Le culot de ces gens ! Ne réalisent-ils pas qu'ils parlent d'une nouvelle technologie extrêmement avancée et que nous devrions tous faire preuve d'une bonne dose d'humilité et de patience face à cela ? Alors, qu'est-ce que ça fait si vous avez besoin d'un quatrième, d'un cinquième ou d'un dixième rappel ? Ce n'est qu'une petite piqûre dans le bras, après tout.

Je pense que Jacinda Ardern, la merveilleuse Première

ministre de Nouvelle-Zélande et championne intrépide de l'approche 'pas de bêtises, quelqu'un éternue en banlieue et tout Auckland se confine', a très bien formulé cette question lorsqu'elle a dit :

> 'Votre première dose, c'est comme aller à la maternelle... votre deuxième dose, c'est comme aller à l'école primaire... et votre troisième dose, c'est comme aller au lycée.'[1]

Sacrément bien dit, Jacinda ! Notre système immunitaire a besoin de toute l'aide possible contre le Covid et ce sont de belles analogies de 'cycle de vie naturel' comme celles-ci qui font vraiment passer le message clé que nous devons tous suivre ce traitement médical jusqu'à son terme.

En effet, j'aimerais reprendre les belles paroles de Jacinda et les étendre encore plus : 'Votre quatrième dose, c'est comme aller à l'université, votre cinquième, c'est comme quand vous obtenez votre premier vrai emploi, votre sixième, c'est comme votre jour de mariage, votre septième, c'est comme quand vous obtenez une promotion de haut niveau, votre huitième, c'est comme quand vous prenez votre retraite, votre neuvième, c'est comme quand vous entrez dans votre maison de retraite et votre dixième, c'est comme juste avant vos funérailles.'

Vraiment, c'est ainsi qu'il faut y penser. Faites ce que vous avez à faire et accomplissez votre devoir de citoyen.

## OH, MAIS CE N'EST PAS UN VACCIN !

Bien pire, bien sûr, que la suggestion que nous ne devrions pas tous recevoir nos injections de Covid au moins quatre fois par an à partir de maintenant, est l'idée folle que les vaccins Covid ne sont même pas des vaccins ! En effet, c'est l'une des choses les plus extravagantes que les anti-vax avancent.

Honnêtement, le niveau intellectuel de ces gens. Les scientifiques les appellent des vaccins, les gouvernements les appellent des vaccins, il est écrit 'vaccin' sur l'étiquette, et pourtant ces gens ne sont toujours pas satisfaits... vous pouvez amener un cheval à une intervention médicale conçue pour induire l'immunité, mais vous ne pouvez pas le forcer à s'inoculer ou comme le dit l'adage.

'Oh, le mécanisme d'action n'a rien en commun avec les vaccins traditionnels !', chantent en chœur les dingues. 'Faire en sorte que votre génétique produise le Covid, ce n'est pas un vaccin !' Écoutez, en ce qui me concerne, un vaccin est toute intervention médicale où vous injectez quelqu'un dans le but de le rendre immunisé contre un agent pathogène spécifique : peu importe comment vous y arrivez, tant que vous y arrivez.

Et, oh là là, comme ces vaccins atteignent cet objectif ! S'il y a quelque chose, les principaux vaccins Covid utilisés à ce jour illustrent à quel point les scientifiques qui ont développé la technologie sont brillants.[2] Je veux dire, injecter à quelqu'un une instruction à son système génétique ARN pour créer la protéine de pointe du Covid afin que votre corps puisse ensuite développer une réponse immunitaire, c'est juste génial, n'est-ce pas ? En effet, si l'histoire des vaccins Covid devait être dépeinte comme un film, je l'appellerais *L'Incroyable Monsieur Spike* (vous savez, un peu comme *Le Talentueux Monsieur Ripley* ou *Fantastique Maître Renard*). Quand on y pense, l'idée d'avoir un peu de virus inactivé dans un vaccin est tellement dépassée, n'est-ce pas ?

Et quant à tous ces anti-vax qui parlent de cette étude de

Stanford[3]qui a démontré à la fois que la protéine de pointe circulait toujours dans le corps jusqu'à deux mois après la vaccination (même dans les ganglions lymphatiques) et que la même chose ne se produit pas après une infection au Covid.... honnêtement, ils agissent comme si c'était mauvais d'avoir la protéine de pointe qui traîne dans votre corps. Ne réalisent-ils pas que plus elle se retrouve dans des zones de votre corps, mieux c'est ? Que si elle traîne dans votre système lymphatique ou votre cerveau ou vos reins, ces parties développent toutes leur propre immunité brillante contre le Covid ? De cette façon, tout votre corps est protégé de l'intérieur vers l'extérieur et ce n'est là qu'une des raisons pour lesquelles ces vaccins sont purement impressionnants, à mon avis.

De plus, tout ce non-sens 'ce n'est pas un vaccin' me semble franchement un peu discriminatoire. Si le vaccin s'auto-identifie comme un vaccin, alors qui sommes-nous pour dire le contraire ?

## VACCINATION DE MASSE EN PLEINE PANDÉMIE : PROBABLEMENT LA MEILLEURE IDÉE DU MONDE

En tout état de cause, après avoir exposé à quel point ces vaccins sont merveilleux, il devrait être évident pour toute personne ayant un minimum de bon sens que tout le monde doit les prendre. Après tout, personne n'est en sécurité tant que tout le monde n'est pas en sécurité. Et pourtant, les ignares présents dans la pièce vous diraient néanmoins qu'il ne faut jamais vacciner en masse pendant une pandémie. Je sais ! Bien sûr, s'il y a jamais eu un moment où un vaccin était nécessaire pour un agent pathogène mortel, alors ce moment serait sûrement maintenant ?! Comment se fait-il que ces anti-vax pensent honnêtement que leurs prétentions intellectuelles *prétentieuses* pourraient nous tromper ne serait-ce qu'un instant ?

En effet, cette idée des plus pernicieuses a été répandue en particulier par un certain 'vaccinologue' du nom de Geert Van Der Bossche. Et qu'est-ce que ce Van Der Lavevaisselle a à dire pour lui-même ? Rien d'autre que la vaccination de masse pendant qu'une pandémie fait rage ne fera que rendre le Covid plus intelligent, car il détectera les anticorps induits par le vaccin largement répandus et se réajustera ensuite pour créer de nouvelles variantes plus infectieuses. En d'autres termes, le programme de vaccination n'est qu'un catalyseur pour générer de nombreuses nouvelles itérations du Covid qui, en fin de compte, ne seront pas très utiles pour les vaccins actuels. Honnêtement, pouvez-vous croire cet homme ?! Bien que je sois d'accord à 100 % que le Covid est extrêmement intelligent (contrairement à ce charlatan), il y a une faille évidente dans son argument. Si les vaccinations de masse alimentent de nouvelles variantes, alors tout ce que vous avez à faire est de créer de nouveaux vaccins ! Voilà, problème résolu. Votre cycle de lavage actuel est bel et bien terminé, Geert !

Quoi qu'il en soit, des gens comme Geert n'ont manifestement que des problèmes de pays développés en tête et vous pouvez être sûr qu'ils ne se soucient jamais de nos semblables moins fortunés. Je veux dire, qu'en est-il du monde en développement ? Devrions-nous refuser aux gens l'accès aux vaccins simplement parce que des gens comme Geert pensent que personne ne devrait être piqué du tout ? Bien sûr que non ! En effet, laissez-moi vous raconter une petite histoire, une qui, je l'espère, vous remontera le moral et vous inspirera quant à ce que vous pouvez réellement accomplir si vous vous y mettez....

## APPORTER LES VACCINS À CEUX QUI EN ONT LE PLUS BESOIN

Aussi grand succès que le déploiement du vaccin ait été dans mon propre pays et dans tant d'autres pays développés, cela n'a malheureusement pas été le cas partout dans le monde. Pour quelqu'un comme moi qui souhaite tant que les bienfaits de la science soient répandus le plus largement possible, cela a été la source de la plus grande tristesse. 'Pourquoi pleures-tu, Oisín ?' me demande souvent ma femme quand je me réveille au milieu de la nuit, sanglotant. 'C'est parce qu'il y a tant d'endroits dans le monde qui n'ont pas encore les vaccins, ma chérie !', je répondrai. 'Tu sais, des endroits dans le monde en développement comme le Rwanda ou le Salvador'. Elle me prend alors dans ses bras et nous nous rendormons en pleurant.

Mais à l'une de ces occasions, ma femme a eu une sorte de moment eurêka.

'Oisín, tu te souviens de cet endroit que nous avons vu à la télé l'autre soir, la petite république montagneuse en Europe dont nous n'avions jamais entendu parler tous les deux... comment s'appelait-elle déjà ?'

'Euh, euh, oh, oui, la R.S.F.B., la République Syldave Former de Bogrenia, n'est-ce pas ? C'est incroyable les endroits qui existent et dont on n'a jamais entendu parler, n'est-ce pas ?'

'Absolument, chéri. Eh bien, je suis en train de les chercher sur Google, et il est écrit ici que leur taux de vaccination Covid actuel n'est que de 0,3 %. Pourquoi ne les aiderais-tu pas ? Tu sais, créer une œuvre de bienfaisance, 'Des Piqûres pour la Bogrenia' ou quelque chose comme ça ? Et puis tu pourrais y aller et te mettre à vacciner toute la nation ? Il est écrit ici que la population n'est que de 23 000 habitants. Penser que si tu pouvais protéger tout le monde là-bas, quelle différence cela ferait. Tout le monde ne peut pas dire qu'il a sauvé tout un pays, tu sais...'

'Non, je ne pourrais pas, ma chérie, bien sûr, quelles qualifications aurais-je pour faire quelque chose comme ça....'

'Mais tu es un expert, Oisín !'

'Oh, c'est vrai ! Eh bien, je suppose.... oui, peut-être que je pourrais ! Non... je le ferai, je le ferai !'

Et ainsi, six mois après cette conversation fatidique, cher lecteur, je me suis retrouvé dans un avion pour Brámstokeravia, la capitale de la R.S.F.B. Ce fut, je dois l'admettre, un vol un peu gênant car j'étais le seul passager (j'avais dû réserver tous les sièges afin de transporter 150 valises de vaccins salvateurs en soute) et les agents de bord me regardaient comme si j'étais l'homme le plus étrange du monde. Mais je continuais à leur sourire et à les assurer que j'avais l'intention de sauver toute leur nation. Eh bien, je ne suis pas sûr qu'ils aient vu mon sourire à travers mes trois masques, mais j'ai fait de mon mieux pour transmettre mes bonnes intentions.

Ayant loué environ 40 taxis à l'aéroport, je suis arrivé à l'hôtel pour constater que seulement une dizaine d'entre eux m'avaient suivi et que le reste était parti avec les vaccins. 'Oh, eh bien, peu importe,' me suis-je dit, 'je suis sûr qu'ils donneront quand même les vaccins à leurs amis et à leur famille.... qu'importe que ce soit moi qui administre les injections ou eux ? Et j'en ai encore plein, assez pour ma clinique, c'est sûr.' Je suis ensuite allé dormir une nuit bien méritée.

Le lendemain matin, en sueur et haletant après m'être frayé un chemin à travers tous les bagages de ma chambre, je suis descendu à la recherche de mon petit-déjeuner végétalien habituel de graines de chia sur un lit de chou frisé. Ayant constaté que cela n'était pas disponible, je me suis versé une tasse de café et j'ai pris le journal local. Il est toujours bon d'apprendre un peu ce qui se passe dans les pays que l'on visite... cependant, je dois admettre que le titre m'a quelque peu surpris :

> "LE BARON DE LA DROGUE VLADIMIR LE LACÉRATEUR ORGANISE UN COUP D'ÉTAT RÉUSSI ET REVENDIQUE MAINTENANT LA DOMINATION SUR LA VILLE SUITE À L'UTILISATION D'UNE NOUVELLE ARME PUISSANTE
>
> Brámstokeravia est maintenant sous la domination quasi totale des membres du baron de la drogue local, Vladimir le Lacérateur, suite à leur coup d'État réussi hier soir. Le revirement soudain de la fortune politique du pays semble être dû à l'utilisation dévastatrice d'une nouvelle arme qui a laissé le gouvernement et ses chefs militaires tremblants dans leurs bottes et sans autre option que de céder le pouvoir.
>
> Hier soir, des centaines de membres du gang de Vladimir le Lacérateur ont pris d'assaut le parlement, portant ce qui semblait être des seringues. Les politiciens et les soldats se sont contentés de rire d'eux jusqu'à ce qu'un assistant politique sans méfiance soit injecté par l'un des partisans de Vladimir le Lacérateur et tombe raide mort. Sur ce, par peur et intimidation, le Premier ministre a démissionné et a remis tout le pouvoir à Vladimir le Lacérateur
>
> IMAGE DU PRÉSIDENT SIGNANT LA CESSION DU POUVOIR AVEC VLADIMIR LE LACÉRATEUR À CÔTÉ DE LUI, TENANT UNE SERINGUE À SON COU...."

À ce moment-là, j'ai regardé par la fenêtre pour voir des soldats patrouiller dans les rues 'armés' des mêmes vaccins que j'avais introduits dans le pays la veille. Deux de ces soldats n'ont eu qu'à les pointer en direction de quelques jeunes qui traînaient à un coin de rue pour que ces derniers rentrent chez eux en pleurant leurs mamans.

Je dois admettre qu'à ce moment-là, je me sentais un peu penaud. Mais j'ai essayé de rester optimiste. Après tout, la mort de l'assistant était presque certainement une malheureuse coïncidence et n'avait rien à voir avec les vaccins (qui sont sûrs et efficaces) et si le nouveau gouvernement utilisait les vaccins comme principal outil de maintien de l'ordre, eh bien, cela finirait sûrement par apporter beaucoup de bénéfices au pays. Ainsi, en terminant mon café du matin, j'ai en fait réfléchi que, tout bien considéré, mon voyage avait jusqu'à présent apporté beaucoup plus de bien que de mal à cette belle nation.

Grandement encouragé par ce fait, je suis parti à la recherche du bâtiment que j'avais acquis avant mon arrivée et que j'espérais utiliser comme clinique de vaccination. Il se trouvait à la périphérie de la ville, un bel endroit, des peupliers et des épicéas tout autour, et beaucoup d'air frais. Étant un endroit un peu plus rural, il était également entouré de chèvres, broutant joyeusement tout et n'importe quoi. En effet, j'avais lu dans mon guide que les chèvres étaient au moins cinq fois plus nombreuses que les habitants dans ce merveilleux pays.

'Cela fera très bien l'affaire', me suis-je dit, 'autant commencer tout de suite'. Alors, prenant un sac de vaccins, j'ai installé une table et affiché une petite pancarte : 'Vaccins gratuits pour tous'. Puis, je me suis assis et j'ai attendu.

Rien de spécial ne s'est passé pendant un moment. Mais

ensuite, un homme d'âge moyen, avec une chèvre en laisse, s'est approché de moi.

'Vous êtes ici pour vacciner ma chèvre ?', a-t-il demandé.

'Euh, non, ces vaccins sont juste pour les humains...'

'Mais ma chèvre est malade et vous dites 'vaccins pour tous'.... s'il vous plaît, vaccinez ma chèvre maintenant et guérissez-la.'

Bien que techniquement non testés sur les chèvres, j'ai estimé que les avantages l'emporteraient probablement sur les risques pour cette chèvre particulière et pourraient même l'aider si une souche de Covid plutôt capricieuse (vous avez compris, vous avez compris ?)[4]et infectant les chèvres devait apparaître à l'avenir. Et cela lancerait au moins mes propres efforts pour vacciner la nation.

Quelques secondes après sa vaccination, la chèvre a commencé à écumer de la bouche et est tombée sur le dos, agitant ses pattes en l'air et faisant les bruits les plus terrifiants.

L'homme m'a regardé d'un air désapprobateur. 'Votre médicament ne rend pas ma chèvre meilleure', a-t-il dit, avec une certaine perspicacité, je dois l'admettre.

'Eh bien l'A.U.E. (Autorisation d'Urgence) ne s'étend pas aux chèvres....', ai-je marmonné, avant d'ajouter 'mais regardez, je suis sûr qu'il ira mieux dans un instant. Voyez, il a arrêté de bêler maintenant...'

'C'est parce qu'il est mort.'

'Ah, oui, c'est ça.'

'Vous avez tué ma chèvre préférée.'

'Je suis vraiment désolé, y a-t-il quelque chose que je puisse faire pour me racheter....'

'Vous avez tué ma chèvre préférée ! Tout le monde, venez ici, cet homme a tué ma chèvre préférée !'

Je me suis soudain retrouvé entouré d'une bande d'environ 20 hommes d'apparence plutôt forte qui semblaient bien trop déterminés à venger le sort malheureux de la chèvre, un sort que, sans doute, ils craignaient que j'inflige à leurs propres chèvres et que, très franchement, je craignais qu'ils ne soient sur le point de m'infliger à moi....

Alors que l'un d'eux était sur le point de me frapper avec ce qui semblait être un cimeterre (bien que je ne puisse pas en être absolument certain sur ce point, pour être honnête, mes yeux étaient résolument fermés à ce moment-là), une voix a retenti au-delà de la foule.

'Arrêtez-vous là ! Je souhaite parler à cet homme.'

'Oui, chef.'

La foule s'est écartée et je me suis retrouvé face à face avec un homme vêtu de cuir noir, de sangles de munitions et avec un garde du corps armé d'un AK-47 de chaque côté.

'Mon nom est Drakulblüd, et je suis le chef du gang Drakul. Où avez-vous obtenu ces seringues et sont-elles les mêmes que celles utilisées par mon ennemi juré, Vladimir le Lacérateur, un homme qui a maintenant si effrontément pris le contrôle de notre pays ?'

Voyant une issue à ma situation peu idéale, j'ai avoué que oui, c'était bien le cas et, mon Dieu, s'il les voulait toutes, il pouvait les avoir, et tout ce qui me passait par la tête – vous savez, le genre de choses que l'on dit dans de telles situations.

'Je vous épargnerai la vie en échange de ces seringues. Amenez-moi à elles.'

Plus tard ce jour-là, les vaccins ayant été remis, j'ai décidé qu'il était temps pour moi de quitter la République Syldave Former de Bogrenia. Pendant le trajet en taxi jusqu'à l'aéroport, j'ai aperçu des gangs entiers dans les rues, s'injectant mutuellement avec des seringues et, au loin, des nuages de fumée s'élevant des bâtiments gouvernementaux. À l'aéroport, en réfléchissant à mon voyage, j'ai conclu que, bien que les choses ne se soient pas tout à fait déroulées comme je l'avais prévu, le résultat net était que des milliers et des milliers de personnes de la R.S.F.B. finiraient maintenant vaccinées contre le Covid et que cela, s'il y avait quelque chose, était une situation où la fin justifiait sûrement les moyens.

Alors je me suis félicité pour le travail bien fait et j'avais hâte de retrouver ma femme dans le bon vieux Termonfeckin et de tout lui raconter.

## VACCINER NOS AMIS À FOURRURE

Je ne peux qu'espérer que les récits de mon voyage réussi dans l'ancienne République Syldave de Bogrenia inspireront les gouvernements et les ONG du monde entier à envoyer des vaccins aux pays qui en ont le plus besoin. Après tout, personne n'est en sécurité tant que tout le monde n'est pas en sécurité. En effet, alors que je méditais l'autre jour sur les vérités indéniables inhérentes à ce fait, j'ai soudain réalisé, à mon grand effroi, que nous n'avions pas étendu le filet assez largement. Car, et je déteste le dire, notre approche du déploiement du vaccin n'a-t-elle pas été un tantinet... spéciste ? Je veux dire, n'est-il pas vrai que certains animaux attrapent aussi le Covid ? Pourquoi n'avons-nous pas développé un vaccin pour *eux* ? Et pas seulement pour leur bien, mais aussi pour le nôtre, car n'y a-t-il pas une forte probabilité que la transmission entre animaux puisse conduire à de nouvelles variantes vraiment monstrueuses, pour lesquelles nous aurons alors besoin de nouveaux vaccins, et ainsi de suite ? Par conséquent, c'est avec un certain choc que j'ai réalisé la *vérité* de la situation : personne n'est en sécurité tant que chaque humain, chat, chien, chauve-souris, fourmilier, hamster, kangourou, pangolin et, en effet, chacun de nos amis à fourrure, n'est pas doublement vacciné et avec un programme de rappel en place pour le reste de *leur* vie.

Maintenant, les critiques pourraient dire que c'est une tâche irréaliste et vraiment gigantesque (eh bien, eux au moins n'ont pas à être vaccinés !). Mais si, oui, il s'agit de la sécurité de *nous tous* (pour les raisons que je viens de mentionner), il s'agit aussi du bien-être de nos animaux de compagnie qui, jusqu'à présent, n'ont pas eu de voix, ni même un simple couinement, tout au long de cette pandémie. Depuis le début, nos chats et nos hamsters souffrent des pires rhumes et reniflements de leur petite vie, et personne n'a parlé en leur nom. Et, pire encore, certains de nos animaux de compagnie ont sans doute fini avec un 'Covid long'. Mon chat, Fauci, par exemple, passe tout son temps à ne rien faire. Je ne peux qu'imaginer que c'est parce qu'il souffre des effets désastreux de cette maladie post-virale dévastatrice. De même, je suis également profondément préoccupé par les crises d'éternuements que je vois chez Klaus, ma perruche, et je crains la possibilité distincte d'une forme mutée de Covid parmi nos amis à plumes. Cela s'appellerait probablement la 'Maladie de la Peste de la Mort du Covid Transmis par les Oiseaux' (MPMCTO), ou quelque chose de ce genre. Vous l'avez entendu ici en premier, de toute façon. Donc, en bref, si nous nous soucions de réduire la souffrance partout où elle se trouve, alors nous n'avons tout simplement pas d'autre choix que de commencer à concevoir des vaccins appropriés pour chaque espèce de la planète.

Je ne saurais trop insister, cependant, sur le fait qu'il est également fortement dans notre propre intérêt d'adopter cette ligne de conduite. J'ai fait allusion ci-dessus à la possibilité de l'émergence de nouvelles variantes 'monstrueuses' résultant de la transmission animale et je n'utilise pas ce mot à la légère. En effet, nous pourrions finir par faire face à 'une toute autre sorte de bête', pour ainsi dire. Personnellement, je ne pense pas qu'il soit du tout farfelu d'imaginer un scénario dans lequel une souche plus virulente pourrait même amener nos animaux de compagnie à se soulever et à descendre dans la rue, mordillant avec leurs dents infectées par le Covid les chevilles sans méfiance des humains qui passent. Eh bien, nous ne devrions pas l'exclure de toute façon : personne ne veut une rébellion de hamsters au nez qui coule et qui toussent.

Et, si ce genre de chose devait arriver, nous n'aurions absolument d'autre choix que d'instaurer des abattages massifs de tous les animaux de compagnie et animaux non vaccinés. Il ne fait aucun doute dans mon esprit que c'est à cette menace que le gouvernement danois a été attentif lorsqu'une poignée de visons ont attrapé le Covid là-bas. Car les Danois ont agi de manière décisive, tuant non seulement les visons infectés par le Covid, mais aussi chaque vison du pays, environ 17 millions d'entre eux, au total. Qui sait ce que ces visons auraient fait si on leur avait donné la moindre chance.

Donc, mon message est clair : si nous ne nous mettons pas à vacciner tous les animaux partout maintenant afin de sauver leurs vies (et les nôtres), il pourrait arriver un moment, pas si lointain, où nous devrons tuer presque toutes les créatures non-humaines sur cette terre. Alors, franchement, nous ferions mieux de nous lancer rapidement dans un nouveau programme de vaccination animale.

Et une fois que les vaccins pour chats et perruches seront disponibles, vous pouvez être sûr que Fauci et Klaus seront les premiers en ligne.

Eh bien, ce fut un délice de méditer sur l'arrivée de ces vaccins miraculeux dans ce chapitre. Bizarrement, bien sûr, tout le monde n'est pas du même avis que vous ou moi, cher lecteur. En effet, il existe un certain groupe parmi nous qui non seulement ne voit pas l'avantage de ces vaccins pour les animaux, le monde en développement ou même pour eux-mêmes d'ailleurs... oui, enfin, je parle des anti-vax ! Les principaux méchants sont enfin entrés dans notre histoire. Et donc, montrons-leur qui est le patron une fois pour toutes, hein ?

7

# CHAPITRE 7: ENTRÉE DES ANTI-VACCINS!

Jusqu'à présent, nous avons démystifié bon nombre des mythes propagés par les illuminés niant le Covid qui sont parmi nous, mais maintenant, enfin, nous arrivons aux mythes les plus méprisables de tous, ceux qui tournent autour du vaccin. Car les personnes qui diffusent de la désinformation sur le vaccin ne sont, à mon avis, pas pires que des meurtriers.

Et c'est pourquoi ce chapitre et le suivant sont sans doute les plus importants de ce livre. Lisez-les très attentivement afin d'être armé pour contrer les mensonges des anti-vaccins une fois pour toutes.

Mais par où commencer ? Je suggère que nous nous intéressions d'abord à quelques-uns des 'meneurs' anti-vaccins, pour ainsi dire, les personnes vers qui les théoriciens du complot se tournent pour obtenir des conseils et de l'inspiration. Exposez ceux qui sont au sommet et tout l'édifice s'effondre....et il y en a deux en particulier dont les déclarations abondent dans les recoins les plus farfelus d'internet, des hommes nommés Robert Malone et Peter McCullough.

Alors, pour commencer, remettons ces personnages louches à leur juste place, voulez-vous ?

## ROBERT MALONE : LE PLUS GRAND ANTI-VACCIN DE TOUS

Vous auriez du mal à trouver quelqu'un qui s'inscrive davantage dans le récit anti-vaccin que le Dr Robert Malone. Et pourquoi ? Car, apparemment, même si le Dr Malone 'prétend' avoir inventé la technologie des vaccins à ARNm, il jette néanmoins le doute sur leur sécurité et est un critique éminent du déploiement des vaccins. Si l'inventeur de la technologie vaccinale a des préoccupations concernant la sécurité des vaccins, ne devrions-nous pas tous l'écouter, bla, bla, bla, ce genre d'argument, honnêtement, vous ne pourriez pas l'inventer même si vous essayiez.

Bref, quelle ineptie. En effet, il y a quatre raisons principales pour lesquelles je ne ferais pas confiance à un seul mot qui sort de la bouche de Malone.

Tout d'abord, jetez un coup d'œil sur lui et vous remarquerez immédiatement qu'il a une grande barbe. Or, c'est un trait partagé par de nombreux anti-vaccins : ils vivent dans des caravanes au fin fond de nulle part, se promènent en sous-vêtements en se grattant et deviennent généralement très laxistes en matière d'hygiène personnelle. Les barbes en sont une conséquence naturelle et, à ce titre, elles sont un *très* mauvais signe.

Deuxièmement, l'homme 'prétend' avoir inventé la technologie des vaccins à ARNm, n'est-ce pas ? Il dit détenir les brevets de cette technologie ? Eh bien, j'en doute fort. Pourquoi diable quelqu'un qui a inventé une technologie qui est maintenant utilisée pour SAUVER LE MONDE ENTIER ne voudrait-il pas s'attribuer TOUT le mérite qui lui est dû ? Pourquoi une telle personne risquerait-elle d'être mise au pilori, calomniée, ostracisée par les médias grand public, uniquement pour une question de 'principe' supposé ? Toute cette idée me semble absolument farfelue...je n'y crois pas et vous ne devriez pas non plus.

Troisièmement, l'homme possède une ferme et, apparemment, il y a des chevaux. Cela me rend immédiatement suspect qu'il ait probablement commandé des tonnes de pilules vermifuges pour chevaux, de l'Ivermectine, et qu'il en prenne sans doute avec son café du matin dans le cadre d'un protocole de prévention du Covid farfelu. J'imagine la scène maintenant.... dans son camping-car, sa femme, dont le nom est probablement Betsy ou Bugsy ou quelque chose comme ça, l'appelle : 'Bobby, chéri, veux-tu une ou deux cuillères de vermifuge pour chevaux dans ton café ?' 'Deux, ma très chère, et n'oublie pas d'ajouter une pincée d'eau de Javel.'

Quatrièmement, il a été retiré de Twitter pour avoir publié des informations trompeuses. Si jamais vous aviez besoin de preuves que l'homme débite des inepties anti-scientifiques, alors vous n'avez pas besoin de chercher plus loin que ce fait. Twitter maintient les normes les plus élevées de discours scientifique sur sa plateforme. Je veux dire, rappelez-vous mon point précédent selon lequel je suis assez sûr que leurs vérificateurs de faits doivent probablement avoir, au minimum, des doctorats en virologie... ces gars sont si intelligents qu'ils peuvent repérer la plus petite erreur scientifique qui ne nous ferait même pas sourciller, comme dit le vieil adage. Par conséquent, si Twitter estime que l'homme qui a soi-disant 'inventé' la technologie ARNm exprime des préoccupations erronées et nuisibles concernant l'utilisation de cette technologie, alors je n'ai absolument aucune raison de douter d'eux.

Comment se fait-il que quelqu'un puisse prendre cet homme au sérieux ? C'est vraiment incroyable. Cette pandémie a, en effet, été une pandémie de désinformation autant que toute autre chose, n'est-ce pas ?

Ce phénomène est également fortement mis en évidence alors que nous nous tournons maintenant vers Peter McCullough, un autre des anti-vaccins les plus éminents.

## MENEUR ANTI-VACCIN N° 2 : PETER MCCULLOUGH

Alors, qui est cet homme, exactement ? Eh bien, si vous deviez le croire de toute façon, c'est un cardiologue américain de premier plan, avec pas moins que le plus grand nombre de publications dans son domaine, et quelqu'un qui a témoigné devant le sénat américain sur le traitement ambulatoire précoce du Covid en novembre 2020. Honnêtement, n'est-ce pas exactement le genre de choses insidieuses que nous attendons des anti-vaccins ? Voyez-vous avec quelle astuce ils peuvent se déguiser pour ressembler à des experts ? Pourquoi ces gens ne réalisent-ils pas que les experts n'existent que de notre côté de la barrière ?

Pour être franc, j'en avais déjà assez de ce charlatan rien qu'en lisant sa biographie, mais, dans l'intérêt d'informer le grand public sur la désinformation concernant le Covid, je me suis forcé à faire un peu plus de recherches sur lui. Et ce que j'ai découvert, c'est que, bien sûr, il est apparu dans l'émission de Joe Rogan, sans doute le podcast le plus influent du monde et un qui a présenté sa juste part de négationnistes du Covid. En me forçant à écouter l'interview de McCullough par Rogan, j'ai trouvé un client très glissant en effet. Par exemple, McCullough a eu l'audace de prétendre qu'il était principalement intéressé par le fait de *sauver* des vies du Covid-19 (je sais, on ne pourrait pas l'inventer !) en utilisant ce qu'il appelait des 'protocoles de traitement précoce'.....traitement précoce, quelle blague, nous savons tous que la seule façon scientifique de gérer le Covid est de rester à l'intérieur pendant deux ans en attendant le vaccin, d'en prendre sept, puis de rester encore à l'intérieur. Et pourtant, il suggérait sans vergogne que des centaines de milliers de vies auraient pu être sauvées si une approche différente avait été adoptée... Mon Dieu, quelle horreur, me suis-je dit, qu'un anti-vaccin prétende se soucier de sauver des vies du Covid. Je n'en pouvais tout simplement plus et j'ai arrêté d'écouter à ce moment-là.

Afin de vous épargner le même sort, voici une transcription de la façon dont j'imagine la suite de sa conversation avec Joe Rogan, une fois que McCullough a laissé tomber son masque de sainteté :

> 'Joe : Alors, dis-moi, Bill Gates en veut-il à ton hamster ?
>
> McCullough : Absolument. Et il n'en veut pas seulement à mon hamster, mais au tien et à celui de tout le monde. En fait, j'ai dû placer Hubert et sa cage dans un endroit non identifié pour que Bill ne puisse pas le trouver.
>
> Joe : Cela me semble une précaution raisonnable. Je pourrais faire de même avec Harald. Alors, vraiment, c'est un effort mondial d'un groupe d'élites qui ont un programme de dépopulation visant les hamsters ?
>
> McCullough : Oui, c'est précisément ce qui se passe.

C'est bien documenté. Les élites ont depuis longtemps identifié qu'un programme de dépopulation des hamsters est un exercice potentiellement lucratif et c'est de cela qu'il s'agit. Le programme de vaccination pour les humains n'est qu'une suite au véritable objectif qui est de se débarrasser de tous les hamsters.

Joe : Cela a tout à fait un sens. Mais pourquoi ne pas vacciner directement les hamsters, pourquoi un programme pour les humains d'abord ?

McCullough : Un programme mondial de vaccination des hamsters n'aurait pas beaucoup de sens pour les gens en soi et de but en blanc. Cela semblerait, dirons-nous, un peu étrange et les gens pourraient ne pas l'accepter. Il est bien préférable d'habituer tout le monde à l'idée qu'il existe un virus mortel et que nous devons vacciner tous les humains. Ensuite, si le virus venait à 'se propager' aux hamsters et qu'ils devenaient une 'menace'....

Joe : Alors le programme de vaccination des hamsters devient une nécessité évidente ?

McCullough : Exactement.'

Maintenant *ça*, les amis, c'est le genre de comportement ridicule que les anti-vaccins croient vraiment et ne les laissez pas, ni personne d'autre, vous convaincre du contraire. Protocoles de traitement précoce... bon sang, quelle absurdité absolue.

Mais tant que nous sommes sur ce sujet, je pense qu'il m'appartient de commenter la grande débâcle de Joe Rogan sur Spotify en général.... bien sûr, Joe ne savait vraiment pas ce qui l'attendait lorsqu'il a décidé d'interviewer certains des principaux théoriciens du complot à chapeau d'aluminium, n'est-ce pas ? Non seulement plusieurs artistes de renommée mondiale ont retiré toute leur musique de la plateforme à la suite de ces podcasts, mais le Prince Harry et Meghan se sont également exprimés, comme à leur habitude, pour tout ce qui est beau et vrai et ont exprimé leurs plus sincères préoccupations. C'est incroyable à quel point ces théoriciens du complot sont stupides quand, même avec tous leurs prétendus diplômes de médecine et des années de recherche, leur niveau de connaissance est tel qu'ils peuvent encore facilement être démasqués par des gens comme Neil Young ou Meghan Markle et d'autres qui n'ont AUCUNE formation en virologie ou en développement de vaccins. Alors, qu'est-ce que cela vous montre-t-il de la stupidité réelle de ces leaders complotistes ?

En tout état de cause, nous avons maintenant démasqué deux des principaux anti-vaccins, ce qui est suffisant pour vous donner une idée du genre de personnages par lesquels les gens se laisseront duper.

Mais qu'en est-il de l'impact négatif qui découle de la désinformation que propagent des gens comme McCullough et Malone ? En effet, tout irait très bien si les anti-vaccins ne faisaient que parler entre eux, restant dans leur propre petite bulle paranoïaque, mais leur désinformation dangereuse a des conséquences réelles dans le monde, car elle conduit des gens ordinaires et honnêtes à souffrir d'une nouvelle et terrible maladie, une maladie que je vais maintenant décrire en détail....

## MALADIE DE L'HÉSITATION VACCINALE

Or, un vieil ami à moi, qui se trouve être médecin, est venu l'autre jour pour une tasse de thé à distance sociale appropriée (nous sommes tous les deux entièrement vaccinés plusieurs fois, mais on n'est jamais trop prudent). Il est resté dans le jardin, j'ai ouvert la fenêtre de la cuisine, et nous nous sommes tous les deux criés dessus à travers nos masques. C'était un peu difficile de distinguer tout ce qu'il disait avec la tempête hivernale qui soufflait, mais j'ai en fait réussi à le comprendre assez bien. En gros, il m'a informé qu'il diagnostique de plus en plus de ses patients comme souffrant d'une nouvelle et terrible maladie appelée 'Hésitation Vaccinale'.

'Certains d'entre eux sont même en phase terminale de la maladie !', a-t-il crié.

'Oh, vraiment ? Donnez-moi un exemple !', ai-je crié.

"Eh bien, une patiente de longue date, une dame âgée nommée Margaret, est venue me voir il y a quelques semaines. 'Docteur', a-t-elle dit, 'j'hésite beaucoup à prendre le vaccin.' (Et donc, à ce moment précis, j'ai eu mon diagnostic clair.) 'Et pourquoi cela, Margaret ?' 'Eh bien, j'ai un voisin qui a pris le vaccin et puis, quand il m'a rendu visite le lendemain, il a eu un AVC. Sa parole était très pâteuse, mais je pense que ses derniers mots ont été "Quoi que vous fassiez, ne prenez pas le vaccin." 'Ah, je vois, Margaret, vous voyez ce genre de personne est ce que nous appelons un "Anti-Vaccin"'. 'Oh, je vois, docteur. Je ne savais pas. Vous voulez dire qu'ils peuvent sembler être des gens ordinaires, des gens que vous avez toujours considérés comme normaux et bons ?' 'Absolument, Margaret. Cela peut être un choc de découvrir ce que certaines personnes sont vraiment.'"

J'ai interrompu mon ami à ce moment-là. 'Elle ne pensait pas vraiment que la mort de son voisin avait quelque chose à voir avec le vaccin, n'est-ce pas ?' 'Si, en effet.' 'Mais ne sait-elle pas que corrélation n'est pas causalité, post hoc n'est pas propter hoc et tout ça ?' 'Eh bien, c'est le point que je lui ai fait ensuite....'

Et ainsi, mon ami a poursuivi son histoire :

"'Eh bien, oui, Docteur, je n'avais aucune idée que Séamus était un anti-vaccin. Il semblait toujours si normal. Mais merci pour votre réconfort. Cependant, il y a autre chose.... J'ai vu cette chose partagée sur Facebook qui disait qu'il y avait eu plus de 28 000 décès signalés aux États-Unis sur quelque chose appelé VAERS et que normalement un vaccin est retiré pour enquête s'il y a 50 décès....' 'Maintenant, Margaret, laissez-moi vous rassurer là-dessus aussi. Vous voyez, il y a un principe en médecine qui stipule que 'corrélation n'est pas causalité'.... ce n'est pas parce que quelqu'un meurt peu de temps après le vaccin que c'en était la *cause* réelle. Ils auraient pu simplement trébucher sur leur chat ou quelque chose comme ça – il n'y a tout simplement aucun moyen de savoir.' 'Ah, je vois. Donc tous ces décès pourraient.... ou alors pourraient *ne pas* avoir été causés par le vaccin ?' 'C'est exact.' 'Eh bien, c'est un peu rassurant... je suppose.' 'Très bien, Margaret. Alors, voulez-vous une piqûre maintenant ? J'en ai plein ici.' 'Euh, eh bien, attendez, Docteur, il y a une autre chose...'"

'Mon Dieu, elle souffrait ENCORE d'hésitation vaccinale même après toutes vos assurances ?' 'Oui, en effet. Comme je l'ai dit, c'était un cas presque terminal de la vieille hésitation, mais j'ai réussi à la faire changer d'avis à la fin, Oisín.' 'Et comment avez-vous fait cela ?'

Mon ami a continué :

"'Oui, Margaret : qu'est-ce qui vous préoccupe d'autre ?' 'Eh bien, j'ai fait des recherches en ligne moi-même et je suis tombée sur un article de l'Université de Stockholm qui suggère que ces vaccins inhibent la réparation de l'ADN in vitro et que cela pourrait avoir des implications très graves pour la santé à long terme.[1] Nous savons tous que l'inhibition de la réparation de l'ADN peut favoriser le cancer et ainsi de suite....' 'Maintenant,

Margaret, Margaret, laissez-moi vous arrêter là. Vous savez sûrement que vous ne pouvez pas faire confiance à tout ce que vous lisez sur internet ? Bien sûr, pourquoi pensez-vous que nous encourageons les gens à ne jamais chercher quoi que ce soit sur leur santé sur Google ? C'est juste pour ce genre de scénarios, afin que vous ne soyez pas inutilement effrayée.' 'Oh, eh bien, je vois, Docteur. Donc, selon votre opinion d'expert, cette étude n'est pas une source d'inquiétude ?' 'Bien sûr que non, Margaret, bien sûr que non. Pour commencer, vous êtes très âgée, et le cancer met des lustres à se développer... alors regardez, que diriez-vous de recevoir votre première injection aujourd'hui ?' 'Oh, d'accord, Docteur, vous m'avez convaincue !' 'Bien, Margaret, bien. Maintenant, allons-y, juste une petite piqûre....et c'est fait !'"

'Oh, bien joué !', ai-je félicité mon ami. 'Vous avez réussi à la guérir de sa maladie à la fin !'

Et bien que mes félicitations fussent sincères, le récit de mon ami me troublait toujours grandement. En effet, cela ne fait que souligner la nature néfaste de ces anti-vaccins, que ce soit la diffusion flagrante de désinformation par son voisin au moment de sa mort (manipulation émotionnelle typique, si vous voulez mon avis) ou la présentation de données d'événements indésirables sans interprétation experte. Pas étonnant que Margaret ait ensuite fini par faire ses propres recherches hypocondriaques sur Google. Pour être honnête, toute la conversation avec mon ami m'a vraiment ouvert les yeux sur l'étendue de la menace de désinformation à laquelle nous sommes confrontés (et cela m'a aussi laissé enroué à force de crier).

Alors que mon ami partait, je lui ai demandé comment allait Margaret maintenant.

'Ah, elle est juste à l'hôpital en ce moment, se remettant

d'un AVC grave, mais au moins ce n'est pas le Covid qui l'y a conduite.'

## LES 'COMBATTANTS DE LA LIBERTÉ' ANTI-VACCINS

Eh bien, nous venons de voir les effets néfastes que les anti-vaccins peuvent avoir sur des personnes parfaitement innocentes, mais ce n'est pas tout ce qu'ils peuvent faire de néfaste. En effet, ils ont aussi de plus en plus l'audace de descendre dans la rue et de provoquer des troubles sociaux, protestant pour des idéaux tels que la 'liberté', l''autonomie corporelle' et d'autres idées de ce genre qui ne font que montrer à quel point ils sont tous malades mentaux.

Pire encore, ces rassemblements détournent les vaillants membres de nos forces de police de leurs tâches générales, déjà assez difficiles, comme la gestion des incidents d'éternuements en public, et les placent sur les 'lignes de front' du Covid, pour ainsi dire. Quelle bravoure de nos policiers et policières face aux vociférations d'extrême droite de ces indésirables ! Je me souviens bien des scènes de chaos dans ma belle ville de Dublin lorsque les manifestants ont envahi les rues. Je suis heureux de dire, cependant, qu'ils n'ont pas fait le poids face aux jeunes hommes et femmes d'An Garda Síochána qui étaient tous triplement masqués, portaient des visières de protection et des matraques stérilisées.

Mais autant j'admire la merveilleuse force de police de Dublin, autant je suis une fois de plus forcé d'admettre, bien qu'avec la plus grande réticence, que d'autres pays nous ont devancés sur le front de l'application des lois Covid. En effet, lorsque j'ai entendu l'annonce de cher Président Macron qu'il souhaitait 'emmerder' les non-vaccinés 'jusqu'au bout', j'ai su que je devais voir par moi-même comment un État avec la puissance militaire d'un pays comme la France s'attaquait aux manifestations anti-vaccins. Simultanément, j'ai aussi senti que la merde allait vraiment frapper le ventilateur dans les rues de Paris et que je devais être là pour couvrir l'événement. Et donc j'ai appelé mon rédacteur en chef au *The Oirish Times*, il a donné son feu vert et, bien sûr, je suis parti. Quelques jours plus tard, ceci est apparu en première page....l'un des meilleurs articles parmi mes nombreux excellents articles, je dois dire :

> "DES SOLDATS FRANÇAIS TRÈS COURAGEUX DANS DES CHARS D'ASSAUT ET DES GENDARMES ARMÉS FONT FACE À LA MENACE EXTRÊME ET POTENTIELLEMENT LÉTALE DES GOUTTELETTES ANTIVACCINS
>
> Lorsque des dizaines de milliers de voitures et de camions appartenant au soi-disant 'Convoi de la Liberté' sont partis de tout le pays pour envahir le centre de Paris, le Président Macron a décidé que trop, c'était trop. Dans une allocution télévisée à la nation, le Président a exposé son plan : 'Nous sommes assaillis par une armée d'extrémistes, dont chacun pourrait transporter des quantités potentiellement létales de Covid. Je ferai donc appel à l'armée pour les emmerder.'
>
> La référence à 'emmerder' est représentative de la politique de santé préférée de Macron pour traiter les non-vaccinés. Généralement traduit par 'pisser sur' dans la presse étrangère, je suis ravi de rapporter que son vrai sens est en fait 'chier partout sur' (ah, le français n'est-il pas la crème de la crème des langues partout ?) L'annonce du Président a apporté un soulagement généralisé aux Parisiens qui craignaient, à juste titre, que Paris ne devienne

une autre Ottawa. 'Oh mon Dieu', a dit un résident, 'ma femme et moi avions tellement peur qu'il y ait beaucoup de klaxons pendant la nuit et que cela interrompe nos ébats amoureux.'

Si les manifestants anti-vaccins s'attendaient à s'installer dans leurs voitures et camions sur les Champs-Élysées, ils ont été amèrement déçus. À la périphérie de Paris, ils ont été accueillis par des chars, spécialement déployés pour l'occasion, et des soldats et gendarmes entièrement armés. Les voitures du convoi ont été arrêtées par des gendarmes pointant leurs armes sur les conducteurs tandis que les chars arrêtaient les manifestants dans leur élan. Le chef de la police parisienne, Michel Moustache, aurait déclaré : 'Nous étions très préoccupés, pour être honnête, car nous n'étions pas sûrs que nos chars d'assaut et nos armes seraient à la hauteur des grandes quantités de crachats non vaccinés qui auraient pu être dirigés dans notre direction. Mais, au final, nous avons réussi à faire demi-tour au convoi pas de problème, juste à temps pour que nous puissions tous prendre un bon déjeuner à quatre plats, culminant avec une merveilleuse crème brûlée et arrosé d'un peu de Bourgogne.'

Oisín MacAmadáin est un expert résident au *The Oirish Times*"

Les Français ne plaisantent pas, laissez-moi vous dire ! Je pense que nous pourrions apprendre de leur approche en Irlande. Bien sûr, pour cela, notre armée aurait en fait besoin d'avoir un char.... mais si la menace des anti-vaccins maraudant dans les rues n'est pas suffisante pour que notre gouvernement priorise un peu plus le budget militaire, alors je ne sais pas ce qui l'est.

Je devrais, bien sûr, à ce stade mentionner les camionneurs marginaux et embêtants au Canada qui ont lancé toute cette affaire de 'convoi de la liberté' en premier lieu et, il se trouve que j'ai décidé de leur consacrer leur propre section. Et donc.... lisez la suite !

## OISÍN SE DIRIGE VERS LE GRAND NORD : RENCONTRE AVEC LES CAMIONNEURS CANADIENS D'EXTRÊME DROITE, ANTI-VACCINS

Je ne suis pas du genre à me vanter de mes relations, mais je suis en fait le meilleur ami du Premier ministre canadien. Non seulement son allure diaboliquement séduisante me fait chavirer, au grand dam de ma femme, mais j'ai aussi trouvé toute sa politique Covid.... eh bien.... comment dire : si une politique Covid pouvait être orgasmique, alors la sienne le serait.

Alors, quand j'ai appris qu'une armée entière de camionneurs descendait sur la capitale canadienne pour protester contre les efforts de mon ami pour sauver des vies, j'ai immédiatement emballé mes cache-oreilles et réservé mon billet pour le Canada : je n'allais pas laisser mon cher ami affronter seul cette armée de cinglés niant le virus.

Mais avant de partir, je lui ai passé un coup de fil pour avoir le fin mot de la situation.

'Alors, qu'est-ce qui se passe, ma Trudy-wudy ?', ai-je demandé.

'Oh, j'adore quand tu m'appelles par ce nom, Oisín.... bref, en gros, ces gens tiennent la société en otage. Ils forcent les magasins et les entreprises à fermer, ruinant les moyens de subsistance de tant de nos citoyens, et ils maintiennent les gens confinés chez eux par crainte pour leur sécurité s'ils s'aventuraient dehors. Vraiment, ils sont méprisables !'

'Oh, oui ! Comment osent-ils faire ces choses, Trudy-wudy ?!! Je veux dire, tu ne ferais jamais aucune de ces choses à personne, n'est-ce pas ?'

'Bien sûr que non, Oisín-woisín.'

'Alors, qui sont ces gens ?'

'Eh bien, ils sont totalement marginaux.'

'Ah, hein'

'Et totalement racistes, bien sûr...'

'Bien sûr. Probablement en train de se promener le visage tout noirci et tout ça, euhhh !'

'Euh, eh bien, oui, peut-être.... mais ils sont aussi totalement misogynes....'

'Pas de surprise là. Autre chose ?'

'Ils ont des opinions totalement inacceptables.'

'Compris....c'est tout ?

'Eh bien, ils sont tous les deux totalement blancs et totalement masculins....'

'Cela va sans dire, Trudy. En gros, ce que tu dis, c'est que quoi que tu sois, ils ne le sont pas, et vice versa ?

'Absolument, Oisín. Je préférerais mourir plutôt que d'être un homme blanc...oh, et il semble que la plupart d'entre eux ne sont même pas des camionneurs. Ce sont principalement des activistes d'extrême droite qui ont été recrutés, la plupart d'entre eux probablement du Texas. On les a même vus agiter des affiches avec des croix gammées.'

'Ah, merci, Trudy, tu m'as donné une description si claire. Je serai avec toi en un clin d'œil et j'ai tellement hâte de te voir !'

'Oh, moi aussi – à bientôt, Oisín !'

Quoi qu'il en soit, la prochaine chose que je sais, c'est que j'arrive à Ottawa. J'ai rappelé mon ami mais je n'ai pas pu le joindre et je me suis retrouvé redirigé vers sa secrétaire. 'Je crains que le Premier ministre ne soit souffrant,

Prof. MacAmadáin, il a le Covid et doit s'isoler.' La pleine gravité de la situation m'est alors apparue : cette armée de racistes, de misogynes s'en prenait à ma chère Trudy et à un moment où il faisait sans doute face aux ravages de cette maladie des plus dangereuses. Pour tout ce que je savais, il aurait pu être aux portes de la mort et la dernière chose qu'il entendrait serait le vacarme des klaxons mêlé à des jurons réguliers dirigés contre lui.... Et je suis donc devenu déterminé à affronter moi-même cette 'armée' de camionneurs et à les faire faire demi-tour.

J'ai pris un taxi jusqu'à la place du Parlement et ils étaient tous là, faisant un vacarme épouvantable et protestant....

Je me suis approché d'un des camions. 'Hé, vous ! Oui, j'ai dit, vous ! Je veux vous parler !'

En est sortie une femme à la peau brune, aux longs cheveux noirs et d'une certaine prestance majestueuse.

'Euh', ai-je dit, 'ils vous ont capturée ou quelque chose comme ça ?'

'Pardon ?'

'C'est juste que je voulais parler à l'un des camionneurs qui causent tout ce remue-ménage et, eh bien, vous ne semblez pas être...'

'Je suis l'une des camionneuses qui, comme vous dites, causent tout ce remue-ménage. De quoi voulez-vous parler ?'

'Et vous êtes Canadienne, alors ?

'Comment osez-vous ? Faites-vous référence à la couleur de ma peau ? Je suis des Premières Nations et, oui, je suis Canadienne.'

'Je vois'. J'ai baissé les yeux sur mes notes et j'ai eu du mal à les concilier avec ce dernier rebondissement.

'Hé, Marty', a appelé la femme. 'Viens ici – j'ai besoin de ton aide !'

'Oui, Nagamo, j'arrive tout de suite.'

Je me suis retrouvé face à un homme costaud qui était en surpoids, barbu et, grâce à Dieu, indéniablement blanc. 'Ouf', me suis-je dit. 'Maintenant, je suis sur un terrain plus stable.'

Juste au moment où j'étais sur le point de confronter cet homme à propos de son racisme évident, Nagamo a parlé :

'Marty, cet homme est raciste.'

'Oh, quoi...?!', ai-je balbutié. 'Non, je ne le suis pas...'

'Oui, il l'est. Il ne pouvait pas croire que je suis Canadienne.'

'Oh non !', a dit Marty. 'Je n'y crois pas. Nous ne faisons pas ce genre de choses au Canada.'

'Je suis tellement désolé', ai-je dit, 'C'est juste qu'on m'avait dit que vous étiez tous racistes....'

'Mais c'est vous qui teniez tant à souligner la couleur de ma peau. Et qui, exactement, vous a dit cela ?

'Euh, je ne peux vraiment pas dire, désolé....'

À ce stade, j'ai senti que je devais reprendre l'offensive avec une sorte de critique dont je pouvais être plus sûr....

'Eh bien, Marty, il me semble assez évident que vous *n'êtes pas* un camionneur !'

'Je le suis très certainement. Et je l'ai été toute ma vie professionnelle.'

'Vous voulez dire que ce camion là-bas est le vôtre ? J'en doute fort !

'Ah, je vois, vous croyez que nous ne sommes pas vraiment des camionneurs, que nous avons volé tous ces camions et que les vrais camionneurs sont ligotés et bâillonnés quelque part. Ou peut-être que nous avions tous un camion de rechange dans nos arrière-cours, comme vous, et quand l'occasion s'est présentée pour nous tous de nous attarder un peu dans un fascisme de droite, nous sommes montés dans nos camions et sommes partis.... eh bien, laissez-moi vous dire, ce sont toutes des théories du complot.'

'Euhhh, non, ça ne peut pas être le cas, vous êtes les théoriciens du complot, pas nous !'

'Ouais, bien sûr, et c'est vous qui pensez qu'il est logique que le monde s'arrête à cause d'un virus avec un taux de mortalité inférieur à 0,1 %...et vous pensez que nous croyons des choses folles !'

Je me sentais de plus en plus incertain de moi, tant la sophistique tordue que je rencontrais était grande, et j'ai donc sorti mon atout final, la seule chose que je savais avec certitude mettrait cet homme à sa place une fois pour toutes.

'Je parie que vous avez une croix gammée, par contre !'

'Non.'

'Si, vous en avez une !

'Non, je n'en ai pas. Toute cette histoire de croix gammée, c'était quelqu'un qui agitait une affiche disant qu'une croix gammée était représentative du genre de gouvernement que nous avons maintenant. Que les médias utilisent ensuite cela contre nous ne fait que prouver le point....'

'Non, ce n'est pas possible ! Mon ami Trudy-wudy l'a dit !

'Trudy-wudy ? Je suis désolé, ce n'est pas qui je pense que c'est, n'est-ce pas ? Attendez, êtes-vous ami avec...., attendez, monsieur, attendez !

Je dois admettre, cher lecteur, qu'ayant ainsi révélé ma couverture, j'ai pensé qu'il était probablement préférable de déguerpir. Et je me suis donc rapidement retrouvé en sécurité à l'aéroport où les anti-vaccins ne sont naturellement pas autorisés. Réfléchissant à ma conversation avec Nagamo et Marty, j'ai conclu qu'ils n'étaient probablement pas de vrais camionneurs, mais une sorte d'acteurs payés par des groupes suprémacistes blancs pour faire croire aux gens que des Canadiens normaux, d'apparence libérale, faisaient partie du convoi de camionneurs. J'avais juste eu une malchance incroyable, en d'autres termes. J'ai donc chassé tout l'incident de mon esprit, sachant que j'avais, au moins, fait de mon mieux pour aider mon ami. Oh, pauvre Trudy-wudy, il doit être bien au chaud dans son lit en ce moment, en train de renifler. Si seulement je pouvais lui apporter une bonne tasse de thé et une bouillotte et lui faire un bisou pour que le Covid aille mieux.... de toute façon, je sais qu'il est entre de bonnes mains et qu'il sera sur pied avant de s'en rendre compte et prêt à affronter ces méchants camionneurs une fois pour toutes.

En tout état de cause, dans ce chapitre, nous avons examiné certains des meneurs anti-vaccins et les avons démasqués pour les charlatans qu'ils sont. Nous avons ensuite examiné comment leurs idées créent la maladie de l'hésitation vaccinale et avons examiné en détail leurs efforts effrontés pour maintenir la 'liberté' de nous assassiner tous. Après avoir considéré toutes ces choses, comment pouvons-nous résumer ce que sont ces gens ? Je voudrais maintenant offrir quelques réflexions finales...

## CONCLUSION : LES NON-VACCINÉS SONT ÉGOÏSTES !

S'il y avait une étude démontrant que les non-vaccinés sont égoïstes, égocentriques, bornés, arrogants, souffrant d'une dissonance cognitive quasi terminale et fondamentalement rien de mieux que des experts de salon, alors, pour ma part, je ne serais pas du tout surpris.

Pour l'amour du ciel, je ne peux pas comprendre quelle mentalité tordue doit opérer chez quelqu'un qui refuse de prendre le vaccin. Ne savent-ils pas qu'ils mettent en DANGER tout le monde autour d'eux et même toute la société ? Qu'ils pourraient tout aussi bien se promener avec un mégaphone, annonçant : 'Je suis une merde égoïste parce que je me fiche que l'air même que je respire vous tue probablement, vous et tous vos proches' ?

Comment les gens peuvent-ils être si ÉGOÏSTES qu'ils ne feront pas simplement ce que nous savons TOUS être CLAIREMENT le mieux pour eux ? C'est incroyable.

Oh, autonomie corporelle, bla, bla, bla, laissez-moi tranquille. Qu'en est-il de MON autonomie corporelle qui subira très probablement des conséquences terminales lorsqu'elle respirera des gouttelettes aéroportées non vaccinées ? Ces gens ne pensent-ils jamais à cette possibilité ?! En fait, je dirais que ce n'est qu'une question de temps avant que la science ne montre que la salive non vaccinée est mortelle même lorsqu'elle n'est pas infectée par le Covid. Ces gens sont des messagers de la mort, tout simplement.

'Oh, mais j'ai eu le Covid, j'ai des anticorps, pourquoi prendrais-je le vaccin', certains d'entre eux sont heureux de répéter. Ces gens sont rusés, je vous le dis, faisant souvent ce qui semble être des arguments totalement solides et logiques, mais, dans ce cas, tout ce que ces gens font vraiment, c'est révéler leurs croyances sérieusement dépassées quant à la valeur du système immunitaire. De plus, leurs priorités sont toutes faussées. La réplique évidente est : 'Alors vous dites que vous êtes à l'abri du Covid et pourtant vous ne voulez pas être ENCORE plus en sécurité ? On n'est jamais trop en sécurité !'

Et quand ils ne nous tuent pas tous, ces salauds se mettent aux portes de la mort à cause du Covid (Ha ! Bien fait pour eux !) et finissent par occuper des lits de soins intensifs inestimables. N'y a-t-il pas de fin à leur égoïsme, je vous le demande ? Nous sommes tous là, engagés dans un effort sociétal et compatissant pour sauver des vies, et ces illuminés ont l'audace de se retrouver proches de la mort et de priver de ressources ceux qui ont le plus besoin de soins médicaux !

En effet, ces personnes ont des opinions inacceptables et ne devraient pas être tolérées. La plupart d'entre nous, gens bien-pensants, le comprennent, comme l'a démontré l'étude de l'Université d'Aarhus qui a montré que les personnes vaccinées méprisent les non-vaccinées (mais bizarrement, ce n'était pas réciproque, mon Dieu, quels idiots typiques ils sont, vraiment incapables de comprendre la situation !). Car, le triste fait que nous devons reconnaître est que les anti-vaccins sont des extrémistes et, tout comme n'importe quel autre type de terroriste, ils doivent subir une rééducation. C'est pourquoi j'étais personnellement aux anges lorsque j'ai lu les recommandations avant-gardistes formulées par un professeur de psychologie de l'Université de Bristol qui a déclaré que ceux qui refusent le vaccin devraient suivre une formation de déradicalisation.[2]

Vous voyez, le reste d'entre nous, nous sommes les gens qui voient le véritable besoin de solidarité et de cohésion sociale. Je ne sais pas si vous avez vu la magnifique vidéo allemande réalisée par des éleveurs de moutons qui ont rassemblé tous leurs troupeaux de manière à ce que, vus du ciel, ils forment la silhouette d'un vaccin. La vidéo était si poignante qu'elle m'a émue aux larmes. Vraiment, les bonnes personnes dans cette histoire sont comme ces moutons, tous guidés à prendre le vaccin pour leur propre bien et le bénéfice de tous les moutons partout dans le monde.

Et prendre le vaccin est pour notre bénéfice, ne vous y trompez pas ! C'est pourquoi le prochain chapitre est si important, car nous abordons maintenant les types de mythes que les anti-vaccins répandront sur le vaccin lui-même... et alors, passons au démystification la plus importante de toutes ! En avant !

8

# CHAPITRE 8: DÉMOLIER LES MYTHS ANTI-VACCINS

Bien, nous avons maintenant démasqué le caractère de ces anti-vaccins, leurs tentatives dérangées et étranges de lutter pour la 'liberté' et les conséquences néfastes de leurs actions. Mais quel genre de choses racontent-ils réellement à propos des vaccins eux-mêmes ?

Or, tous les mensonges qui suivent suggèrent d'une manière ou d'une autre que les vaccins contre le Covid causent des dommages. Oui, je sais, je sais... les mêmes vaccins qui ont été testés rigoureusement et sous tous les angles possibles par les meilleurs scientifiques et gouvernements du monde entier et qui se sont avérés sûrs et efficaces et, très probablement pour autant que je sache, conférant même des bienfaits pour la santé bien au-delà de la protection contre le Covid (enfin, cela ne me surprendrait pas de toute façon... de la même manière qu'une pomme par jour est une très bonne idée, sans doute un rappel par an aura un impact très positif sur votre longévité).

Eh bien, préparez-vous à bien rire en voyant le genre d'absurdités qu'ils vont débiter à propos de ces vaccins qui sauvent des vies ! En particulier, je me concentrerai sur quatre de leurs idées les plus pernicieuses, à savoir que les vaccins contre le Covid peuvent : endommager ou modifier notre génétique ; nous tuer (...!) ; endommager notre cœur ou provoquer une crise cardiaque et, enfin, qu'ils peuvent affecter la fertilité.

Alors, abordons maintenant chacune de ces idées à tour de rôle !

## UNE THÉRAPIE GÉNIQUE DANGEREUSE ?

J'ai déjà mentionné la nature extraordinairement innovante des principaux vaccins Covid utilisés à ce jour.... de petits messagers qui se rendent dans notre système génétique d'ARN et lui donnent en fait l'instruction de fabriquer la protéine spike du Covid à laquelle notre corps crée ensuite une réponse immunitaire... absolument génial. Mais sur la base de cette technologie impressionnante, les anti-vaccins osent suggérer que notre génétique risque d'être endommagée d'une manière ou d'une autre.... eh bien, lol, c'est un peu un grand pas, n'est-ce pas ?

Eh bien, on pourrait le penser, mais les créatures sournoises qu'ils sont aiment suggérer que la recherche scientifique le prouve en fait !

Par exemple, ils aiment citer une étude réalisée par de prétendus scientifiques de l'Université de Stockholm avec un titre plutôt verbeux et prétentieux ('SARS-CoV-2 Spike Impairs DNA Damage Repair and Inhibits V(D)J recombination in vitro', trad: « La protéine Spike du SARS-CoV-2 altère la réparation des dommages causés à l'ADN et inhibe la recombinaison V(D)J in vitro »). En langage clair, cette étude examinait essentiellement l'effet que la protéine spike, telle que créée par les vaccins, a sur l'ADN *in vitro* et ce que les chercheurs 'prétendent' avoir trouvé, c'est qu'elle inhibe en fait la réparation de l'ADN. Or, si vous aviez l'esprit conspirationniste, cela serait sans doute interprété comme très préoccupant et risquant des conséquences potentiellement graves à un moment ou à un autre... pourquoi vaccinons-nous nos enfants avec ces choses, blablabla, vous savez, la manne anti-vax du ciel, essentiellement.

En effet, je ne sais honnêtement pas ce qui se passe avec certains scientifiques ces jours-ci... ne savent-ils pas que c'est exactement le genre d'étude sur laquelle les anti-vaccins adoreraient mettre leurs sales pattes ? Je veux dire, lisez simplement la conclusion des auteurs selon laquelle leurs découvertes 'soulignent les effets secondaires potentiels des vaccins basés sur la protéine spike intégrale'. Avec des réponses comme celles-là, il devrait être clair pour quiconque a un demi-cerveau que ces questions ne devraient même pas être posées en premier lieu.

Mais, heureusement, nous avons des experts comme moi pour dénoncer les graves lacunes de recherches comme celle-ci !

Tout d'abord, elle vient de Suède. Or, les Suédois étaient autrefois cool et libéraux, mais cela a changé à jamais avec leur approche de la pandémie 'pas de confinement, pas de masques, tuons nos grands-mères'. Par conséquent, je douterais sérieusement de la crédibilité de toute recherche émanant d'un tel endroit (et ils aiment tous ABBA, donc l'affaire est classée).

Deuxièmement, leurs prétendues découvertes étaient 'in vitro' plutôt que 'in vivo'. En d'autres termes, cette étude a été réalisée sur du matériel génétique en dehors d'un corps humain vivant. Il n'y a donc AUCUNE preuve de penser que la même chose s'est produite dans le corps de milliards de personnes dans le monde.

En effet, cela ne m'étonnerait guère que cette soi-disant équipe de recherche souhaite maintenant mener la même expérience dans un corps humain vivant… Ha ! Comme si l'on obtiendrait un jour l'autorisation éthique pour ce genre d'étude ! Rien que l'idée me paraît potentiellement extrêmement dangereuse pour la santé humaine. Imaginez une seconde que l'on fasse cette expérience sur une seule personne et que l'on trouve les mêmes résultats… il faudrait immédiatement arrêter le déploiement du vaccin et des millions de gens ne recevraient jamais ses bienfaits pour la santé ! Ce serait une véritable tragédie. Pour ma part, je suis bien heureux que des expériences potentiellement dangereuses comme celle menée par les Suédois soient restées strictement in vitro et non appliquées sur des groupes humains entiers, ce qui, dans les circonstances, serait totalement irresponsable. Là-dessus, je suis sûr que nous sommes tous d'accord.

Enfin, même si ces résultats étaient vrais… où serait le problème, au fond ? Une multitude de choses altèrent la réparation de l'ADN : pesticides, produits chimiques, vous savez, tout ce qu'on adore — et la plupart des gens n'y pensent même pas deux fois.

Donc je vous suggère de ne pas vous tracasser votre petite tête sucrée avec ça non plus.

Je vous donnerais d'ailleurs le même conseil concernant une autre rengaine classique chez les anti-vax au sujet de la génétique, à savoir que les vaccins Covid ne se contenteraient pas d'endommager notre génome mais le modifieraient activement, voire l'« éditeraient » (honnêtement, ça ne s'arrête jamais avec eux, n'est-ce pas ?).

Bien sûr, ils ont tous exulté, trépigné de joie et sauté au plafond lorsqu'un article de l'Université de Lund (oui, encore la Suède… vous voyez le schéma ?) est sorti prétendant que des modifications de l'ADN pourraient effectivement résulter des vaccins Covid. Cet article arbore d'ailleurs un titre affreusement long et compliqué (« Intracellular Reverse Transcription of Pfizer BioNTech Covid-19 mRNA Vaccine BNT162b2 In Vitro in Human Liver Cell Line », trad: « Transcription inverse intracellulaire du vaccin à ARNm BNT162b2 contre la COVID-19 de Pfizer BioNTech in vitro dans une lignée cellulaire hépatique humaine »), sans surprise — cela permet à ces gens de se donner des airs intellectuels (enfin, c'est ce qu'ils s'imaginent). Quoi qu'il en soit, l'étude « affirme » avoir constaté que l'ARN du vaccin peut se « rétro-transcrire » (quoi que cela puisse bien vouloir dire) pour devenir de l'ADN dans le noyau cellulaire, et ce seulement quelques heures après la vaccination. En gros, je pense qu'ils essaient de dire que les vaccins seraient capables de fabriquer un nouvel ADN à partir de l'ARN qu'ils contiennent déjà, ou un truc du genre — Dieu seul le sait, à vrai dire, il m'est difficile de pénétrer l'esprit de ces gens-là.

Bon, bon. Les anti-vax n'arrêtent pas de répéter que les vaccins peuvent modifier notre génétique, et voici alors une étude qui semble montrer exactement cela... mais pas si vite, je vous prie ! Pour commencer, les auteurs eux-mêmes expliquent clairement qu'ils ne savent pas si cet ADN nouvellement formé reste de manière permanente dans le génome ou s'il se dégrade et disparaît. Alors voilà — bien fait pour vous ! Rien ne prouve du tout que notre ADN serait modifié de façon permanente. Et même si c'était le cas, qu'y aurait-il de si grave à avoir un peu de nouvel ADN ? On dirait qu'ils considèrent l'ADN comme une chose affreuse ! Franchement, moi je trouve ça plutôt cool — mais bon, je ne suis ni un luddite ni un dinosaure vivant à une époque révolue... j'embrasse la science et tout ce qu'elle implique !

Bien, assez parlé des supposés effets génétiques des vaccins — qu'en est-il de toute cette histoire absurde de « piqûre mortelle » ? Eh bien, l'idée que le vaccin pourrait vous tuer provient essentiellement d'interprétations mentalement dérangées des systèmes de surveillance des effets indésirables, et c'est donc vers cela que nous allons maintenant tourner notre attention fact-checkeuse...

## DÉCÈS ET EFFETS INDÉSIRABLES SIGNALÉS DANS VAERS : BEAUCOUP DE BRUIT POUR PAS GRAND-CHOSE

Si je recevais une dose gratuite pour chaque fois qu'un anti-vax me sort ses mensonges répugnants à propos des données VAERS, je serais piqué de partout et débordant de santé.

Mais qu'est-ce que VAERS, me demanderez-vous ? C'est le *Vaccine Adverse Events Reporting System*, le « Système de déclaration des effets indésirables des vaccins », et tous ces anti-vax qui prétendent être morts — ou Dieu sait ce qu'ils imaginent leur être arrivé — peuvent l'utiliser pour signaler leurs soi-disant réactions indésirables. C'est géré par le gouvernement américain (qui, à mon avis, devrait savoir qu'encourager ce genre de gens n'est jamais une bonne idée).

Je n'aime généralement pas présenter la position anti-vax selon leurs propres termes tordus, mais cette fois je vais faire une exception, tant elle est manifestement ridicule. J'ai même interviewé un anti-vax (trouvé je ne sais où dans un recoin sombre d'Internet) uniquement pour vous montrer la sorte de bêtises qu'ils racontent. Voici la transcription (vers mars 2022) :

Oisín : Bon, vous là, racontez-moi votre toile de mensonges.

Conspirationniste au chapeau en aluminium : Merci de me donner la parole. Eh bien, VAERS montre qu'il y a eu plus de 28 000 décès signalés liés aux vaccins Covid jusqu'à présent, et normalement un vaccin est retiré s'il a juste *50 décès associés*, ce qui est un peu moins que 28 000...

Oisín : Ah, vous essayez de frimer avec vos capacités mathématiques, c'est ça ?!

Chapeau en Aluminium : Non, pas vraiment... c'est juste que cela suggère un certain « signal de sécurité », voyez-vous, et...

Oisín : Minute ! C'est nous qui voulons sauver des vies et assurer la sécurité de tous. Comment osez-vous nous voler notre vocabulaire ?!

Chapeau en Aluminium : Alors pourquoi ne pas aussi aider ceux qui sont blessés par les vaccins ? Pourquoi pas les deux ? On sait qu'il y a eu environ trois fois plus de décès signalés liés aux vaccins Covid que pour tous les autres vaccins combinés depuis que les registres existent... et plus de 150 000 hospitalisations liées au vaccin Covid...

Oisín : Évidemment, vous comptez encore ! Mais pourquoi prendre ces rapports au sérieux ? Tout le monde peut en faire un... probablement que la moitié, c'est vous qui les avez inventés !

Chapeau en Aluminium : Non... la plupart sont remplis par des médecins et c'est en fait un crime de soumettre un faux rapport.

Oisín : Un crime de déclarer un faux rapport ?! Moi j'en ferais un crime d'en faire un *tout court* !

Chapeau en Aluminium : On devrait aussi se rappeler que selon une étude, seuls environ 1 % des effets indésirables vaccinaux sont signalés...

Oisín : Pfff ! Je parie que cette « étude » vient d'un groupe anti-vax du genre « sauvons les enfants »...

Chapeau en Aluminium : Non, elle vient du CDC, *Centers for Disease Control* (Centres pour le contrôle et la prévention des maladies)...

Oisín : Mais bien sûr ! Menteur menteur !

Chapeau en Aluminium : Pourquoi mentirais-je ? De même, le gouvernement allemand vient de publier des données indiquant qu'1 dose sur 5000 entraîne un effet indésirable grave (assez grave pour nécessiter l'hospitalisation). Cela devrait quand même nous préoccuper, et...

Oisín : Ah donc voilà que l'Allemagne devient anti-vax maintenant ? Et on doit les prendre au sérieux ? Je bâille... interview terminée !

Mon Dieu, peut-on rêver preuve plus évidente que nous avons affaire à des paranoïaques complets ? D'ailleurs, maintenant qu'on parle de chapeaux en aluminium, je propose que la prochaine édition du DSM (Manuel diagnostique et statistique des troubles mentaux) inclue le Trouble de la Personnalité Chapeau en Aluminium d'Aluminium (TPCAA), avec indication claire que tout traitement est impossible et que l'incarcération reste la seule option réaliste.

Regardez simplement ce que mon illuminé déversait... n'est-il pas clair que ces gens ignorent le principe scientifique le plus basique : corrélation ≠ causalité. Ce n'est pas parce que Tante Mary a reçu son vaccin, s'est mise à écumer de la bouche puis est tombée raide morte trente minutes plus tard, que le vaccin l'a tuée. Peut-être que les biscuits au chocolat du matin étaient périmés. Ou que le dentifrice avait été empoisonné par son voisin excédé de l'entendre papoter à travers des murs en papier. On n'en sait rien. Et il ne faut *jamais* tirer de conclusions trop vite. Ce n'est pas parce que ça ressemble à un canard, ça cancane et ça se dandine que ce n'est pas en réalité un éléphant.

Deuxièmement, quoi que ce fou dise, je doute fortement qu'il soit illégal de falsifier des données VAERS. À mon avis, les anti-vax complotent en slip devant leur écran, envoyant des faux rapports à longueur de journée. Ils lisent les avis de décès, hop un rapport. Ils voient un RIP (trad: 'Repose en paix') sur Facebook, hop un rapport. Pour tout ce que je sais, ils assassinent peut-être même des gens à coup de piqûres, puis déposent un rapport. Bien plus plausible que l'idée que ces déclarations soient authentiques. Et puis pourquoi un médecin signalerait-il des effets indésirables ? Beaucoup risqueraient de perdre leur licence — et quel médecin voudrait ça ? Aucun, évidemment.

J'espère donc vous avoir montré comment contrer ce type de discours irrationnel sur VAERS et autres bases similaires. Ces gens n'ont tout simplement pas les capacités de pensée critique nécessaires pour interpréter des données. Croire que « décès attribué au vaccin » signifie « mort causée *par* le vaccin », c'est du niveau maternelle petite section. Mais malheureusement, voilà ce avec quoi nous devons composer.

Mais alors — comment les vaccins sont-ils censés nous tuer, d'après eux ? Eh bien, selon les anti-vax, de toutes les façons imaginables. Je ne vais pas toutes les passer en revue sinon nous serions encore là quand les vaches rentreront au poulailler, comme dit le proverbe. Concentrons-nous donc sur un mythe particulièrement répandu — à savoir l'idée que le vaccin serait mauvais pour le petit palpitant...

# NON, LES VACCINS NE VONT PAS VOUS PROVOQUER UNE CRISE CARDIAQUE !

Le même principe de base « corrélation n'est pas causalité » s'applique évidemment au nombre de problèmes cardiaques signalés dans VAERS. Soyez assuré que les 15 751 soi-disant crises cardiaques et 50 176 cas de myocardite/péricardite (en juillet 2022) n'ont rien à voir avec le vaccin, peu importe ce que les anti-vaxxers essaient de vous faire croire.

Mais, encore une fois, ces glissants personnages aiment prétendre que *la science est de leur côté*. Et s'il y a une étude qu'ils brandissent fièrement, c'est celle d'un certain cardiologue nommé Dr Steven Gundry, intitulée : *Observational Findings of PULS Cardiac Test Findings for Inflammatory Markers in Patients Receiving mRNA Vaccines (trad: Résultats observationnels des tests cardiaques PULS pour les marqueurs inflammatoires chez les patients recevant des vaccins à ARNm).*

Alors, que fait ce Dr Gundry ? Il examine différents marqueurs sanguins (IL-16, Fas soluble et facteur de croissance des hépatocytes — oui, je sais, moi non plus je n'avais jamais entendu parler de ces trucs !) avant et après la vaccination Covid. Et pourquoi ferait-il cela, me demanderez-vous ? Eh bien selon lui (mais franchement, pourquoi le croirait-on ?), ces marqueurs pourraient indiquer une inflammation vasculaire et un risque accru de crise cardiaque dans les cinq ans. Il a comparé les niveaux avant les deux doses, puis à deux semaines et trois mois après. Et il « trouve » que le risque passerait d'environ 11 % à 25 % chez les 566 patients étudiés.

Évidemment, les anti-vax en ont fait un fromage monumental : « hausse choquante », « extrêmement inquiétant », etc. Oh là là. Mais le fait réel est simple : 25 % de risque d'avoir une crise cardiaque, c'est aussi 75 % de chances de ne pas en avoir. Et moi, je trouve ça plutôt encourageant. La conclusion correcte aurait dû être :

« Après vaccination Covid, les gens restent majoritairement *non* victimes d'une crise cardiaque sur cinq ans. »

Voilà l'info utile, merci docteur.

De toute façon, je doute fortement des conclusions de M. Gundry. Parce que si c'était vrai, recevoir un rappel chaque année serait extrêmement dangereux pour tous, n'est-ce pas ? Et comme ce n'est manifestement pas le cas (les dirigeants des entreprises vaccinales ont dit que c'était sûr et efficace — pourquoi douter d'eux ?), il est clair que cette étude doit être erronée. Sinon, après sept injections, on serait à quoi, 65 % de risque ? Ridicule. On tomberait comme des mouches. J'y crois pas une seconde. Pour tout ce que je sais, ce Gundry a peut-être inventé ses marqueurs sanguins.

Puis même si quelqu'un craignait vraiment un risque cardiaque post-vaccin, il n'y a aucune raison de s'inquiéter. Les mêmes entreprises qui fabriquent les vaccins fabriquent aussi d'excellents médicaments cardiaques — vous serez entre de bonnes mains, rassurez-vous.

Et puisqu'on parle du cœur, parlons aussi de cette rumeur sur l'inflammation cardiaque chez les jeunes hommes — l'un de leurs hits favoris.

On retrouve partout sur Internet des mamans républicaines racontant comment leur petit Bubba ou Linus jouait au baseball un jour, et le lendemain ne pouvait plus monter un escalier. Mais les experts sont clairs : ce ne sont que des cas légers de myocardite. Une broutille. L'équivalent médical d'un Strepsils ou d'une aspirine, en gros. Depuis ma jeunesse, j'ai toujours entendu : « Tu as appris ? Tante Carmel a une petite inflammation cardiaque aujourd'hui, elle passera chez le médecin entre sa légère appendicite et ses petites courses. »

Donc quand vous voyez des études comme celle de Hong Kong suggérant qu'1 adolescent sur 2700 développe une myocardite après la 2e dose,[1] ce que les anti-vax qualifient d'« alarmant », il faut garder à l'esprit que c'est totalement gérable. Et même — osons le dire — éducatif. Ces jeunes apprennent à « prendre un coup pour l'équipe », quelle valeur morale magnifique ! Et puis soyons honnêtes : à leur âge, leurs cœurs sont déjà inflammés par les hormones, c'est probablement ça qui les mettra dans le pétrin avant le vaccin. Un petit repos cardiaque ne leur fera pas de mal — si je puis me permettre l'opinion d'un homme à l'ancienne.

Bref, mes chers lecteurs, non, les vaccins ne vont pas faire exploser votre cœur, nous pouvons en être certains à 100 %.

Mais il reste un dernier mythe — un des plus dégueulasses à mon avis — celui selon lequel le vaccin nuirait à la fertilité des femmes. Oui, vous avez bien lu. Ils osent tout. Alors traitons maintenant cette ignoble absurdité finale...

## NON, LES VACCINS N'AFFECTERONT PAS VOTRE FERTILITÉ !

(*et s'ils changeaient quelque chose, ce serait sûrement pour fabriquer des bébés super-héros*)

Ce mythe-ci vient prétendument de documents internes d'un grand fabricant de vaccins, selon lesquels la protéine spike produite après vaccination voyagerait dans tout le corps, se concentrant particulièrement dans les ovaires. Même si c'était vrai — ce dont je me contrefiche — où serait le problème ? Cela voudrait simplement dire que les bébés seraient protégés dès la conception et n'auraient probablement jamais besoin de se faire vacciner eux-mêmes. Deux pour le prix d'un ! Pour moi, c'est surtout la preuve supplémentaire du génie technologique de ces vaccins.

La véritable tragédie, selon moi, est ailleurs : ces mêmes documents montreraient que la protéine spike ne va pas dans les testicules. Quelle occasion manquée ! Imaginez un peu... des spermatozoïdes transformés en armes anti-Covid, fusionnant avec des ovaires boosterés spike pour fabriquer des bébés immunisés-de-naissance, scintillants de santé, presque radioactifs de bien-être.

Une armée de mini-Avengers, franchement je trouve ça magnifique.

C'est pourquoi j'ai été très contrarié d'apprendre que l'Agence Européenne du Médicament a décidé d'enquêter sur les signalements croissants de perturbations menstruelles après vaccination. Ils ne devraient pas céder ainsi au narratif anti-vax... ça ne fera que rajouter du grain à moudre, comme dit le vieil adage (ou quelque chose comme ça). Peut-être devrais-je envoyer un exemplaire de ce livre à mes confrères experts à l'AEM pour les rassurer.

Bref, finissons-en avec ces mensonges sur la fertilité.

En fait, en repensant à tout ce chapitre, il paraît clair comme de l'eau de roche que ceux qui doutent encore de la sécurité des vaccins vivent en plein délire. Même les plus jeunes n'y risquent absolument rien. C'est d'ailleurs pourquoi des régulateurs, en Australie par exemple, ont jugé qu'à 12 ans, on n'a plus besoin du consentement parental pour être vacciné. Très juste — personnellement j'abaisserais encore l'âge. Après tout, n'est-ce pas évident qu'un nouveau-né, tendant instinctivement vers le sein maternel, tendrait tout autant vers une seringue ?

C'est du bon sens, non ?

Et pour être franc, le vrai problème n'est pas le vaccin, mais la santé mentale des anti-vax. Un hypocondriaque, c'est quoi, sinon quelqu'un qui s'inquiète de sa santé malgré l'assurance réitérée de son médecin qu'il n'a rien ? Ainsi qu'est-ce qui distingue ces anxieux de ceux qu'on appelle aujourd'hui « blessés par le vaccin » ?

Rien. Absolument rien.

Pour ma part, si j'allais chez le médecin certain d'avoir une myocardite, une paralysie ou un caillot dans le cerveau, un simple « Vous êtes stressé, reposez-vous » suffirait à me guérir. Mais ces gens-là n'écoutent rien. Ils préfèrent se filmer, publier des vidéos en larmes sur Internet et récolter des likes comme des enfants réclamant l'attention de toute la classe. De l'hypocondrie, pure et simple.

Car soyons sérieux : le seul effet secondaire réel des vaccins est juste une petite douleur au point d'injection. Tout le reste relève de l'imagination anxieuse.

**Preuve à l'appui :**

Symptôme « vaccinal »: Tremblements, convulsions

Explication réelle évidente: L'anxiété fait trembler.

Symptôme « vaccinal »: Palpitations, douleurs thoraciques

Explication réelle évidente: L'anxiété accélère le cœur.

Symptôme « vaccinal »: Incontinence

Explication réelle évidente: L'anxiété fait courir aux toilettes.

Symptôme « vaccinal »: Paralysie

Explication réelle évidente: L'anxiété paralyse de peur.

Symptôme « vaccinal »: Incapacité à marcher

Explication réelle évidente: L'anxiété transforme les jambes en flan.

Symptôme « vaccinal »: Mort

Explication réelle évidente: On peut mourir de peur, c'est connu.

Et parfois, quand ils sont très anxieux — ces pauvres choux — ils cumulent tous ces symptômes en même temps. Classique.

Nous venons donc d'exposer les grands mythes anti-vax concernant la prétendue dangerosité des vaccins Covid. Vous saurez désormais quoi répondre à la prochaine personne qui vous parlera « risques », « myocardites », « données VAERS » ou « footballers collapsing left and right » (ces footballeurs qui tombent, paraît-il — évidemment parce qu'ils étaient terriblement déconditionnés après des mois allongés sur le canapé pendant les confinements).

Alors, que reste-t-il à examiner ? Eh bien, puisque ces antivaxxers sont des angoissés chroniques, il ne surprendra personne qu'ils soient aussi de grands avaleurs de pilules... mais pas de vraies ! Oh non. Plutôt de poudres magiques, « boosters d'aura », potions détox et suppléments miracles vendus dans les rayons bien-être.

Et ils ont appliqué exactement la même logique mystique pour se soigner du Covid.

Oui, mes amis — ils ont créé leur propre pharmacie de remèdes farfelus.

Et c'est précisément là où nous allons maintenant...

9

# CHAPITRE 9: LES FAUX REMÈDES CONTRE LE COVID

L'un des aspects qui me laisse le plus sans voix concernant les négationnistes du Covid est que, bien qu'ils soient heureux de causer d'innombrables morts en colportant de la désinformation sur les vaccins, ils prétendent néanmoins vouloir sauver des vies du Covid, tout comme nous (je sais... on n'invente pas ça !) Mais quels types de 'remèdes' contre le Covid proposent-ils ? Eh bien, comme vous ne serez pas surpris de l'apprendre, c'est la diarrhée cognitive habituelle et irréfléchie à laquelle nous nous sommes tous habitués de la part de cette bande et, pour (re)lancer ce chapitre, nous allons d'abord considérer quelque chose qui (clop clop clop) incarne vraiment (clopin-clopant) toute leur approche (neiiiigh ! neeiiigh !), à savoir leur penchant certain pour, oui, vous l'avez deviné.... l'Ivermectine !

## IVERMECTINE (PARCE QUE LE COVID VOUS DONNE MANIFESTEMENT DES VERS ! ET VOUS TRANSFORME EN CHEVAL.... PFFF, LE NIVEAU INTELLECTUEL DE CES GENS !)

L'autre jour, ma voisine Máire m'a appelé. 'Oisín', a-t-elle chuchoté au téléphone, 'As-tu entendu dire que l'Ivermectine est arrivée à Termonfeckin ? Ce vieil éleveur de moutons, Séamus, en a fait des provisions, il dit que ça l'aidera à combattre le virus chinois. Peux-tu faire quelque chose avant que d'autres personnes n'aient la même idée ?'

'Oh, absolument, je le ferai, Máire, merci de m'avoir alerté !'

Trois jours plus tard, j'ai publié un exposé sur Séamus en tant qu'article principal dans *The Termonfeckin Tribune* :

> 'Tragédie de Termonfeckin évitée : un éleveur de moutons local totalement idiot démasqué !
>
> Séamus O'Shaughnahoy, éleveur de moutons depuis quatre décennies, a été trouvé par la Gardaí (gendarmes Irlandais) en possession de 12 paquets d'Ivermectine, un vermifuge pour chevaux que les théoriciens du complot prétendent efficace comme traitement contre le Covid.
>
> Placé en détention provisoire, Séamus attend actuellement son procès sous les chefs d'accusation de pensée conspirationniste et de stupidité crasse. *The Termonfeckin Tribune* a eu accès à Séamus dans sa cellule.
>
> TT : Séamus, n'êtes-vous pas un total abruti d'avoir cru à toutes ces conneries ?
>
> Séamus : Ce ne sont pas des conneries, et ce n'est pas un vermifuge pour chevaux. C'est un médicament lauréat du prix Nobel qui a été réaffecté avec succès pour le Covid et....

TT : Le seul prix que quelqu'un obtiendra dans cette situation, c'est vous pour être si totalement vide entre les oreilles, le Prix du Nigaud de Termonfeckin !

Séamus : Non, ce que je dis est vrai ! Par exemple, il a été démontré qu'il avait des propriétés anti-Covid et qu'il avait été utilisé avec beaucoup d'efficacité au Mexique et en Inde, entre autres endroits.....

TT : Oh mon Dieu, écoutez-vous ! Vous parlez comme un expert ! C'est une pilule pour chevaux, espèce d'idiot. Et ça ne vous servira à rien maintenant, même pas pour vos moutons, ou vous attendiez-vous à ce que ça marche aussi pour eux ?'

Ayant ainsi accompli mon devoir de citoyen, j'étais très fier de moi et sentais que j'avais contribué à éviter une grave crise dans ma propre ville natale. Cependant, j'avoue qu'une petite voix me tracassait au fond de mon cerveau, me demandant de quoi diable il parlait avec le Mexique et l'Inde. Pouvaient-ils vraiment être si faibles d'esprit là-bas pour tomber eux aussi dans ce genre de pensée à chapeau d'aluminium ? J'ai donc décidé d'examiner la situation et, à ma grande surprise, ce que j'ai trouvé n'était que plus de matière pour tous mes efforts de débunking, alors, c'est parti, les amis...

Tout d'abord, le Mexique. Il semblerait que ce dont Séamus parlait était une étude de l'Institut Mexicain de Sécurité Sociale, dirigée par un certain Cesar Raul Gonzalez-Bonilla. Or, ce que ce Gonzalez-Vanilla a trouvé, c'était l'idée de voir ce qui se passe si l'on envoie un 'kit de traitement à domicile' à des personnes à Mexico, un paquet qui comprenait une cure d'Ivermectine, et de comparer les résultats de ce groupe à ceux qui n'avaient pas reçu de kit de traitement. Au total, 28 048 personnes ayant reçu un diagnostic confirmé de Covid ont été suivies. Les résultats ont montré que 11,71 % du groupe sans Ivermectine ont été hospitalisés, contre 6,14 % du groupe Ivermectine.

Ok, ok, je sais ce que vous pensez.... étaient-ce des personnes ou des chevaux qui ont eu le Covid ? C'est aussi la première objection qui m'est venue à l'esprit et, malheureusement, en examinant l'étude avec une loupe, je n'ai trouvé la réponse à cette question nulle part.

Mais pouvons-nous vraiment dire que ces résultats indiquent que l'Ivermectine est si utile que ça ? Peut-être que les cinq points de pourcentage supplémentaires dans le groupe Ivermectine qui n'ont pas été hospitalisés ont en fait fini par hennir et galoper dans leur quartier jusqu'à l'institution psychiatrique la plus proche ? Je veux dire, je ne sais pas, mais cela me semble possible, de toute façon. Tant que ces types de questions ne sont pas clarifiés, je ne donnerais personnellement pas trop de poids à cette étude du Dr Gonzalez-Gorilla.

Ensuite, l'Inde, et l'État d'Uttar Pradesh, qui, d'après mes recherches sur internet, a, je peux le dire sans risque, atteint une sorte de statut culte parmi ceux d'entre nous qui manquent de facultés critiques.

Alors, quel est le problème ici, alors ? En gros, le Département de la Santé de l'État d'Uttar Pradesh a participé à une expérience des plus dangereuses au début de la pandémie en donnant de l'Ivermectine à titre préventif à tous les travailleurs de la santé. Selon l'agent de surveillance de l'État, M. Agrawal : "Il a été observé qu'aucun d'entre eux n'a développé le Covid-19 malgré un contact quotidien avec des patients testés positifs au virus." Eh bien, tout ce que je peux dire, c'est qu'ils ont clairement eu de la chance, mais sur la base de cette chance, ils ont ensuite eu l'audace de suggérer un programme d'Ivermectine à l'échelle de l'État !

Les contacts étroits, les travailleurs de la santé, les cas de Covid, tout le monde devait prendre de l'Ivermectine dans ce que l'État a appelé un programme 'prophylactique et thérapeutique'.

Pour moi, leur formulation même révèle le niveau de compétence sérieusement bas de ces responsables de la santé. Ce n'est vraiment qu'un petit pas, si vous souffrez d'un défi intellectuel, de penser que l'Ivermectine non seulement vous sauvera du Covid mais vous permettra aussi de vous en donner à coeur joie en toute impunité ! Honnêtement, je vous le demande : où sont les moeurs dans tout cela ?! Je suis peut-être démodé, mais je ne pense pas qu'il soit du ressort d'UN QUELCONQUE département de la santé gouvernemental de suggérer que les gens devraient s'y mettre comme des lapins (ou, d'ailleurs, comme des chevaux, pour cette question).

Et c'est dans ce contexte que nous devrions interpréter les 'résultats' de ce programme. M. Agrawal poursuit en disant : 'Malgré le fait d'être l'État avec la plus grande base de population et une densité de population élevée, nous avons maintenu un taux de positivité et un nombre de cas par million d'habitants relativement faibles.' Alors oui, au moment d'écrire ces lignes en avril 2022, l'Uttar Pradesh, avec une population de 204 millions d'habitants, a eu 23 494 décès, tandis qu'un autre État indien appelé le Kerala, avec une population de seulement 35 millions d'habitants, en a eu substantiellement plus, soit 67 772 décès et cela semblerait en effet être une plume à l'oreille de l'Uttar Pradesh, n'est-ce pas ? Mais puisque nous savons maintenant que tout cela n'était qu'une excuse parrainée par l'État pour organiser une orgie, nous pouvons en déduire que la véritable raison des faibles nombres de cas est que tout le monde restait simplement à l'intérieur et s'amusait, limitant ainsi très efficacement la propagation du virus.

Quoi qu'il en soit, je sais maintenant ce que je dirai à Séamus la prochaine fois que je le verrai (quand sa peine sera finie, c'est-à-dire). En effet, il ne devrait pas faire de recherches sur des choses comme les approches de gestion des pandémies dans d'autres pays, cela ne ferait que l'égarer et lui donner mal à la tête alors qu'il doit préserver autant que possible son intelligence plutôt limitée pour la tonte de ses moutons.

Enfin, une autre étude récente a réglé la question de l'Ivermectine une fois pour toutes. En examinant une base de données massive sur les résultats des patients à travers les États-Unis, elle a comparé les taux de mortalité parmi ceux traités à l'Ivermectine avec ceux traités au Remdesivir, super-génial et approuvé par le gouvernement américain. Le titre de l'article, en effet, vous dit tout ce que vous devez savoir : 'Le traitement à l'Ivermectine est associé à une mortalité *accrue* chez les patients atteints de Covid-19 : Analyse d'une base de données fédérée nationale'. Alors, les perdants ! [1]

Quoi qu'il en soit, l'Ivermectine représente le summum de la pensée anti-vaxxer sur la façon de guérir le Covid. Et on pourrait penser que ça ne pourrait pas être pire mais en réalité, le reste de leurs propositions à cet égard est encore moins impressionnant. Je veux dire, au moins l'Ivermectine *est* réellement un médicament (même si c'est juste pour les chevaux). Le reste de ce qu'ils proposent appartient véritablement au domaine de la santé alternative... ne réalisent-ils pas à quel point le Covid est grave ? Eh bien, clairement non, et nous passons donc à...

## LA DÉBÂCLE DE LA VITAMINE D !

Bien sûr, si l'on y réfléchit, il n'est pas surprenant que les négationnistes du Covid se soient accrochés à une pilule pour animaux comme principale option de traitement contre le Covid.... ils ne sont pas exactement les plus brillants, après tout. Et leur prochaine 'solution' pour le Covid continue vraiment sur ce thème. Vous voyez, les négationnistes du Covid sont très friands de leurs remèdes naturels et de toutes sortes de suppléments (ce n'est probablement qu'une question de temps avant qu'ils ne trouvent un Nettoyage Colique Covid ou quelque chose de ce genre). Par conséquent, ce ne fut vraiment pas une surprise pour moi quand ils ont commencé à parler sans cesse de l'un des suppléments les moins chers disponibles, à savoir la vitamine D.

Oh, la vitamine D stimulera votre système immunitaire et n'est-ce pas une bonne idée quand le système immunitaire aurait besoin d'être stimulé, etc., etc., etc. Écoutez-moi bien, charlatans, le seul rappel dont votre système immunitaire a besoin est votre 17ᵉ piqûre, alors ne me racontez pas ces conneries. Et ce sont de totales conneries, comme je vais le démontrer tout de suite.

En effet, j'ai effectué une recherche en ligne sur les liens entre la vitamine D et les résultats du Covid et il existe littéralement des centaines d'articles à ce stade suggérant que plus votre taux de vitamine D est bas, plus vous avez de chances de mourir du Covid.... mais, pour être honnête, je n'ai pas la patience de lire AUTANT de recherches de scientifiques d'extrême droite, alors voici juste un exemple. Il y a eu une étude allemande[2] qui a examiné le statut en vitamine D des patients atteints de Covid parmi ceux qui ont fini en soins intensifs et parmi ceux qui sont décédés de la maladie, et ce que ces soi-disant chercheurs affirment, c'est que ceux ayant de faibles niveaux de vitamine D étaient 15 fois plus susceptibles de nécessiter un lit en soins intensifs et six fois plus susceptibles de mourir du Covid. Eh bien, je suppose que si vous étiez un peu défi intellectuellement, ce genre de conclusions vous amènerait à penser que les gouvernements devraient obliger tout le monde à prendre un peu de vitamine D chaque jour.... pas cher, facile, sûr, salvateur, bla bla bla, vous connaissez le genre de rengaine à ce stade.

Eh bien, pas si vite ! Réfléchissons attentivement aux implications de cette suggestion, voulez-vous ? Serions-nous honnêtement à l'aise avec des gouvernements qui imposeraient à chacun de prendre un supplément ? De quel droit, au nom de Dieu, l'État a-t-il le droit de contrôler ce qui entre dans nos corps ?! Bien sûr, nous ne savons même pas ce qu'il y a d'autre dans ces suppléments ! Tout cela pourrait entraîner un désastre sanitaire total à l'échelle de la société, la vitamine D pour la vitamine Mort, la plus grande débâcle de santé publique de l'histoire. Et puis, même si vous l'implémentiez, comment diable l'appliqueriez-vous.... *oh, vous ne pouvez entrer ici que si vous avez un taux de vitamine D suffisant, montrez-moi vos papiers de vitamine D.* Tout cela serait une folie totale et c'est pourquoi peu importe ce que ces études montrent, leurs implications sont totalement et absolument inapplicables.

De plus, quoi que toutes ces études puissent dire, je ne suis vraiment pas sûr que la vitamine D soit si importante que ça en ce qui concerne le Covid.

En fait, j'ai une autre étude sous le coude, de mon propre cher pays dans ce cas, qui, je crois, jette un sérieux doute sur l'idée que la vitamine D soit si utile que ça pour le Covid (l'étude s'intitulait 'Vitamine D et inflammation :

implications potentielles pour la sévérité du Covid-19'). Or, ce que cette étude a fait, c'était de comparer les résultats du Covid en fonction du statut en vitamine D entre les pays du nord de l'Europe, qui reçoivent peu de soleil, et les pays ensoleillés du sud de l'Europe (il est intéressant de noter que les pays scandinaves avaient en fait des niveaux de vitamine D plus élevés malgré moins de soleil, probablement parce que leurs gouvernements enrichissent leur approvisionnement alimentaire avec, ou du moins c'est ce qu'on m'a dit). Alors, les chercheurs ont-ils trouvé que les pays du nord, riches en vitamine D, avaient des taux de mortalité plus faibles que les pays du sud, déficients en vitamine D ? Eh bien, oui, ils l'ont fait, mais ne croyez pas que cela signifie que les négationnistes du Covid ont raison pour autant... attendez d'avoir lu mon propre avis d'expert sur cette étude. Mais, tout d'abord, voici ce que les chercheurs ont dit :

> 'De manière contre-intuitive, les pays à basse latitude et typiquement 'ensoleillés' tels que l'Espagne et l'Italie (en particulier le nord de l'Italie), présentaient de faibles concentrations moyennes de 25(OH)D et des taux élevés de déficience en vitamine D. Ces pays ont également connu les taux d'infection et de mortalité les plus élevés en Europe. Les pays de latitude nord (Norvège, Finlande, Suède) qui reçoivent moins de rayons UVB que l'Europe du Sud, avaient en fait des concentrations moyennes de 25(OH)D beaucoup plus élevées, de faibles niveaux de déficience et... des taux d'infection et de mortalité plus faibles.'

Ok, donc, oui, comme je l'ai mentionné, cette étude semblerait montrer qu'un statut en vitamine D plus élevé est effectivement corrélé à des taux de mortalité plus faibles dus au Covid. Mais est-ce vraiment les niveaux élevés de vitamine D qui sont la raison principale, l'‘ingrédient actif’ pour ainsi dire, responsable des taux de mortalité plus faibles du Covid dans les pays scandinaves ? Je ne suis pas si sûr que nous puissions en déduire cela de cette étude DU TOUT. En effet, il y a un tout autre facteur potentiel dans ce cas auquel les auteurs de l'étude font référence mais que, bizarrement à mon avis, ils ne soulignent pas comme étant complètement essentiel pour leur analyse. Et quel est ce facteur ? Eh bien, à mon avis d'expert, ce que cette étude *met réellement en évidence* est le fait, jusqu'à présent grossièrement sous-estimé, que les pays qui reçoivent *moins* de soleil, comme la Norvège ou la Finlande, connaissent également des taux de mortalité *plus faibles* dus au Covid. En d'autres termes, je ne pense pas que le statut en vitamine D ait quoi que ce soit à voir avec la question. Au contraire, c'est la quantité de soleil que vous recevez qui détermine votre résultat face au Covid et moins vous en recevez, moins vous avez de chances d'en mourir ! Ce que cette étude montre réellement, par conséquent, est encore une autre façon dont la lumière du soleil peut vous tuer.... d'abord c'était avec le cancer et maintenant c'est avec le Covid !

Et n'est-ce donc rien d'autre qu'une justification TOTALE des stratégies gouvernementales partout dans le monde, ordonnant aux gens de rester à l'intérieur et à l'écart du soleil autant que possible ? Cette stratégie devient doublement géniale lorsque vous ajoutez les mandats de port du masque, car alors, à l'occasion rare où vous devez sortir, vous bloquez au moins encore plus les rayons du soleil d'atteindre votre visage et vous rendant ainsi encore plus sain et vous protégeant encore plus du Covid.

Alors, pour un dernier mot sur cette absurdité de la vitamine D, les amis, suivez simplement la science et RESTEZ à l'intérieur.

Eh bien, il est temps pour nous de considérer un dernier faux remède contre le Covid et cela ne fait que démasquer encore plus les charlatans de la santé qui sont parmi nous. En effet, quoi de moins scientifique que l'idée que ce que nous mangeons puisse avoir une quelconque influence sur une maladie aussi horrible que le Covid ? Pas grand-chose, dirais-je, et considérons donc maintenant cette idée complètement pernicieuse qui tombe vraiment et clairement dans la catégorie d'une blague totale...

## PERSONNE NE M'ENLÈVERA MON DROIT DE MANGER DE LA GLACE !

Il y a peu de choses dans la vie qui me rendent plus heureux que la glace, et de préférence une chargée de pâte à biscuits et de morceaux de gâteau au chocolat. En fait, j'en savoure en ce moment même et c'est vraiment délicieux aussi.

Y a-t-il quelque chose de plus innocent que de tels plaisirs ? Et pourtant, certains théoriciens du complot voudraient nous faire croire que se gaver de toutes ces montagnes de joie chargées de sucre est plus susceptible de nous faire mourir du Covid ! Bon sang, parlez de semeurs de peur et de prophètes de malheur.... comme si de telles sources de bonheur pouvaient jamais faire une telle chose ! Cela en dit long sur la mentalité de ces gens qui, alors que nous nous engageons tous dans un acte vaillant d'autopréservation en restant à l'intérieur et en faisant des gâteaux au chocolat, nous disent que nous ferions mieux de manger sainement et de prendre l'air frais à l'extérieur. Parlez de gens qui ont leurs priorités de vie totalement à l'envers.

Alors, oblitérons maintenant cette idée folle selon laquelle les interventions sur le mode de vie devraient faire partie de la réponse sanitaire d'un gouvernement au Covid, une fois pour toutes. Comme toujours, commençons par débunker le genre de 'preuves' que les théoriciens du complot utilisent.

Un exemple est une étude de l'Université de Tulane publiée dans *Diabetes Care*. Elle a révélé que les personnes atteintes du 'syndrome métabolique', un terme dont je n'avais jamais entendu parler de ma vie mais qui est apparemment caractérisé par l'hypertension artérielle, l'hyperglycémie / le diabète, l'obésité, des triglycérides élevés et un faible taux de cholestérol HDL, étaient 3,4 fois plus susceptibles de mourir du Covid et cinq fois plus susceptibles d'entrer en soins intensifs, et cela a quelque chose à voir avec la façon dont ces conditions rendent le Covid plus susceptible de pénétrer dans quelque chose appelé le récepteur ACE-2 ou quelque chose de ce genre, ce dont je n'avais jamais entendu parler non plus, pour être honnête.

En tout cas, je ne sais même pas par où commencer avec cette étude. Pour commencer, elle est évidemment 'grossophobe' en s'en prenant à nos amis plus ronds. Je veux dire, il faut beaucoup de temps aux personnes grosses pour accepter et aimer leur corps considérablement grand, et puis arrivent des études comme celle-ci qui tentent de suggérer que le surpoids est malsain. Quel stéréotypage éhonté ! Pourquoi les auteurs n'iraient-ils pas s'en prendre à quelqu'un de leur taille ?

Deuxièmement, alors que suggéreraient ces chercheurs, que les gens devraient être encouragés à manger moins de chocolat, de gâteaux et de chips et à manger plus de poisson et de légumes ? L'idée même qu'un gouvernement puisse ainsi interférer dans la vie des gens me semble à la fois absolument épouvantable et une atteinte aux libertés civiles les plus fondamentales ! Je ne suis pas philosophe mais s'il y a une chose dans la vie dont je suis sûr qu'elle mène au bonheur, c'est la glace et aucun gouvernement ne m'enlèvera JAMAIS ma liberté d'en manger autant que je veux. Et s'ils le faisaient, vous pourriez être sûr que je serais dans les rues à protester avec mes amis amateurs de Ben & Jerries. Eh bien, nous ne voudrions pas trop nous fatiguer mais, c'est sûr, nous occuperions au moins le centre-ville avec nos voitures, klaxonnant et faisant connaître notre mécontentement général haut et fort.

Quoi qu'il en soit, il faut des âges pour inverser les conditions de santé et ce, si c'est possible du tout, franchement. Cependant, encore une fois, ces dingues pointeront toutes sortes de choses. L'une d'elles est une étude venant d'Italie, de tous les endroits, 'Impact à moyen et long terme d'un régime cétogène très faible en glucides sur les facteurs cardiométaboliques' qui a suivi l'effet d'un régime faible en glucides sur 377 patients pendant un an et leur poids corporel, leur glycémie, leur tension artérielle, leurs niveaux de lipides et leur métabolisme du glucose. Ce que l'étude prétendait avoir trouvé était une 'amélioration significative' dans tous ces domaines.

Écoutez, nous vivons à l'ère des fausses nouvelles et l'idée même qu'une telle étude émane du pays de la pizza et des pâtes me semble tout à fait étrange. Mais même si c'est vrai, et même si ces paramètres de santé se sont tous améliorés, qu'en est-il des autres aspects de la santé de ces patients qui n'ont pas été étudiés, hein ? Par exemple, et si la véritable découverte de cette étude aurait dû être : '377 patients contraints à un régime de quasi-famine perdent du poids mais souffrent aussi maintenant de trouble dépressif majeur et d'idées suicidaires en raison de l'absence de tiramisu et de panettone réguliers.' Maintenant, cela donnerait une autre tournure aux choses, n'est-ce pas ?

Et même quand on regarde des études comme celles de Phinney & Volek qui affirmaient montrer qu'un régime cétogène faible en glucides entraînait l'inversion de leur état chez 147 patients diabétiques sur 262 après seulement 10 semaines, c'est vraiment encore une ÉPOUVANTABLE longue période pour s'en tenir à quelque chose pour obtenir des résultats. Surtout quand il ne faut que quelques heures pour aller chercher votre 8e rappel et que vous êtes ensuite prêt pour encore quelques mois. En fait, si je devais céder un peu, je suggérerais que les calories brûlées par l'effort de se rendre à votre centre de vaccination local sont certaines de donner un coup de pouce à la santé de ceux qui sont en surpoids. Et donc nous devrions faire tout ce qui est nécessaire pour encourager ces personnes à faire le déplacement pour se faire vacciner… Je pensais que la politique de certains États américains d'offrir des bonbons et des gâteaux gratuits en échange de la piqûre était l'incitation parfaite, en fait. Voilà, négationnistes du Covid, c'est une situation claire où manger du gâteau est BON pour votre santé ! Et un exemple parfait d'une politique de santé gouvernementale bienveillante, non seulement plus de carotte que de bâton, mais, on pourrait dire, plus de biscuit que de bâton.

Et donc, si vous le permettez, j'ai ce pot de délices à finir.

10

# CHAPITRE 10: LA GRANDE RÉINITIALISATION (OU 'LE PLAN INDISPENSABLE POUR SAUVER L'HUMANITÉ D'ELLE-MÊME)

Eh bien, cher lecteur, nous sommes presque arrivés à la fin de ce livre. Ce fut toute une aventure, n'est-ce pas ? J'ai certainement eu beaucoup de plaisir à l'écrire. En effet, j'ai pris le plus grand plaisir à démolir tous les mythes anti-vaccins les plus en vue et j'espère que vous avez pris un plaisir égal à voir leurs prémisses chancelantes exposées une fois pour toutes.

Mais nous n'avons pas tout à fait fini... non, en effet, vous ne pourriez pas parcourir longtemps le fil Twitter d'un théoricien du complot Covid sans trouver mention des prétendues machinations néfastes du Forum Économique Mondial ('World Economic Forum' - WEF) et de son programme de 'Grande Réinitialisation'. Dans ce cas, l'idée semble être que le WEF a utilisé son vaste réseau de membres actuels et anciens, dont beaucoup sont maintenant Présidents et Premiers Ministres, pour introduire un avenir véritablement dystopique dans lequel tous les citoyens auraient des 'passeports' d'identité numérique, des cotes de crédit social et leurs vies seraient microgérées par des élites mondiales. On parle de Covid-19 devenant Covid-1984 !

Ça a l'air fou, n'est-ce pas ?

Alors, passons à notre dernière salve de démolition de mythes !

## KLAUS SCHWAB : UN SAGE SWAMI POUR NOTRE ÉPOQUE

En ce qui concerne la soi-disant 'Grande Réinitialisation', la plupart de la colère des anti-vaccins est dirigée vers le chef du WEF, Klaus Schwab. Pendant des années, affirment-ils, cet homme a influencé les dirigeants mondiaux avec ses idées de 'Quatrième Révolution Industrielle' à travers les réunions annuelles du Forum à Davos et son programme 'Jeunes Leaders du WEF'. Peu d'anti-vax n'ont pas vu le clip dans lequel il parle de sa fierté du succès de ce programme et de ses nombreux diplômés qui sont devenus Premiers Ministres à travers le monde (parmi eux, beaucoup de mes favoris, y compris ma copine Justine Trudy, Jacinda Ardern, Angela Merkel et Emmanuel Macron, qui ont tous, il faut le dire, géré le Covid de main de maître). Dans cette vidéo, il parle fièrement de 'pénétrer les cabinets', ce qui, pour les esprits conspirationnistes, semblerait faire référence à une sorte d'infiltration idéologique mais sûrement, si tel est le cas, ce n'est qu'une plaisanterie innocente de vestiaire sur la virilité substantielle de l'homme ? Eh bien, tout ce que je peux dire, c'est qu'il prend clairement soin de lui et doit être une sacrée prise, et si j'étais (une femme leader, bien sûr) à la tête d'un pays et que je me trouvais plus joyeuse après quelques verres de champagne la dernière nuit du Forum de Davos, eh bien, je ne pense pas que quiconque pourrait m'arrêter....

Quoi qu'il en soit, quant à l'idée d'un programme de 'Grande Réinitialisation', avez-vous déjà entendu parler de quelque chose de plus farfelu ou carrément dingue ? Non, moi non plus ! Je veux dire, le terme même me semble complètement bizarre. C'est pourquoi, quand j'ai vu un jour sur Amazon un livre intitulé 'Covid-19 : La Grande Réinitialisation' ('The Great Reset'), j'ai pensé qu'il devait être l'œuvre d'un théoricien du complot éminent ou autre. Mais ensuite j'ai vu que l'auteur n'était autre que Klaus lui-même et j'ai été quelque peu interloqué. Peut-être que le grand homme se moquait des anti-vaccins, me suis-je dit, en s'appropriant leur terminologie et ainsi de suite dans une sorte de satire humoristique exposant leurs mensonges, mais non, je suis allé lire le livre, et ce que j'ai trouvé était un traité conséquent sur la façon dont le monde doit effectivement être remodelé à la suite de la pandémie de Covid, ainsi que de nombreuses idées sur la façon d'y parvenir.

De nombreuses questions tourbillonnaient dans mon esprit. Pourquoi Klaus a-t-il choisi d'utiliser exactement la même expression 'Grande Réinitialisation' que les anti-vaccins avaient (sûrement à tort) affirmée avoir été inventée par lui ? Et pourquoi proposait-il un programme pour un tout nouveau type de monde alors que c'est aussi exactement ce dont les anti-vaccins l'avaient accusé ? Y avait-il quelque chose, me suis-je longuement et profondément demandé, *d'autre* en cours ?

Mais non, ai-je alors conclu avec une certitude absolue, cela ne peut tout simplement pas être le cas ! Après tout, des gens comme Klaus et moi sommes les gentils ! Et bien sûr, quand on y pense, n'est-il pas évident que le monde doit être remodelé ? Et donc je suis retourné lire l'intégralité du livre de Klaus avec un esprit plus ouvert et je suis tombé amoureux des idées nobles qu'il contient et le Thomas incrédule en moi a été mis tout au fond de la classe où il appartient. Il n'y a pas de sombre conspiration ici, oh non, ça je peux le dire avec certitude. Il s'agit plutôt du cas d'un être éclairé, d'un type Bouddha ou Jésus, proposant une feuille de route que nous pouvons tous suivre pour nous améliorer. C'est vraiment le plan d'un monde magnifique, un monde où nous aurons tous la durabilité à revendre et serons remplis des plus hauts niveaux de bien-être imaginables. Bien sûr, les anti-vaccins ne veulent pas de ce genre de choses, n'est-ce pas ? Les misérables qu'ils sont. Ils sont heureux que le climat brûle, que la vie ne soit que cupidité et ainsi de suite et ne pourraient pas envisager un monde meilleur même s'ils essayaient.

Écoutez, il est vrai que le livre de Klaus est rempli d'un langage extrêmement intelligent et, pour être honnête, j'aurais du mal à transmettre adéquatement la nature majestueuse de ses idées. Mais il n'est pas nécessaire de le faire car le FEM publie depuis quelques années de courtes vidéos avec des points clés à retenir afin que le reste d'entre nous puisse comprendre comment la Grande Réinitialisation se déroulera. Et l'une de ces vidéos en particulier a mis les anti-vaccins en colère et, comme vous le verrez, sans bonne raison.

Or, cette vidéo, décrivant le monde en 2030, incluait la phrase : "D'ici 2030, vous ne posséderez rien et vous serez heureux." Et, assez typiquement, cette injonction parfaitement bénigne a été utilisée comme 'preuve' par ceux qui ont une disposition farfelue que la Grande Réinitialisation inaugure un avenir véritablement dystopique... comme s'il y avait quelque chose de mal à vouloir que nous soyons tous heureux ! Oooh, si maléfique et sinistre... PAS DU TOUT ! Et plus que cela, je pense que si quelqu'un arrive et suggère qu'il existe un moyen pour nous tous d'être heureux, nous devrions prendre note et écouter très attentivement, n'est-ce pas ? Après tout, Klaus et ses amis me semblent être les plus heureux des campeurs et, s'ils connaissent le secret d'une bonne vie, j'aimerais en être informé... en effet, j'imaginerais que ce n'est pas n'importe quel bonheur dont ils parlent, mais plutôt une sorte de bonheur profond, durable et complet....

Faisons une pause un instant. L'idée d'être 'complètement heureux' ne semble-t-elle pas plutôt bonne ? Je veux dire, qui ne voudrait pas être complètement heureux ? En ce qui me concerne, si Klaus et sa bande ont trouvé un moyen de maintenir nos niveaux de sérotonine constamment élevés, alors je suis tout à fait pour. La dystopie, mon cul !

Et comment cette 'complète bonheur' doit-il être atteint ? Eh bien, en ne possédant rien, bien sûr. Et comment cela fonctionne-t-il, exactement ? Eh bien, c'est là que nous devons nous incliner devant les puissants principes philosophiques qui sous-tendent cette belle vision pour notre avenir collectif. Nous savons tous que la poursuite des biens matériels, alias le Rêve Américain, ne mène pas au bonheur. Nous pouvons donc conclure que : avoir beaucoup de choses rendrait quelqu'un très malheureux, avoir pas mal de choses rendrait quelqu'un modérément malheureux, avoir quelques choses rendrait quelqu'un un peu malheureux et n'avoir rien du tout rendrait quelqu'un complètement fou de joie. 'Prends ça, Aristote', c'est tout ce que je peux dire.

Et donc, au lieu de posséder quoi que ce soit, nous louerons tout ce dont nous avons besoin comme 'services' auprès de certaines grandes entreprises multinationales. Or, les propriétaires de ces entreprises 'posséderont' bien sûr ces choses et seront ainsi les seules personnes sur la planète à encore posséder quoi que ce soit. Mais étant donné que cela signifie qu'ils posséderont essentiellement tout dans le monde, et parce que *ne pas* posséder de choses est ce qui rend les gens très heureux, nous ne pouvons que supposer que ces personnes seront *extrêmement* malheureuses (du genre 'au fond du gouffre, tuez-moi maintenant' malheureuses). Ce que cela nous montre vraiment, c'est à quel point ces gens sont altruistes et désintéressés et à quel point nous devrions leur être reconnaissants de sacrifier leur propre bonheur afin que nous, au lieu de cela, puissions tous être vraiment joyeux et généralement dans un état d'euphorie quasi constante.

N'est-ce pas là le summum de la perspicacité philosophique sur la condition humaine ? Platon, les Stoïciens, Confucius, Lao-Tseu... ils se sont tous débattus avec la question du bonheur humain et ont proposé leurs propres réponses, toutes pâles en comparaison, j'en suis sûr, avec la conception que nous offre Klaus. Et donc, moi, pour ma part, je lui serai toujours reconnaissant d'avoir décelé le bon côté des choses dans le nuage du Covid. Mais alors, nous ne devrions guère être surpris. Saviez-vous qu'il a publié son tome sur le Covid-19 seulement quatre mois après le début de la pandémie ? Qu'il ait pu déceler le potentiel que le Covid nous offrait pour un changement à grande échelle mondiale en si peu de temps... n'est-ce pas le plus grand témoignage de l'industrie et de la nature généralement lumineuse de l'homme ?

En effet, je ne sais vraiment pas comment quiconque, sans parler des anti-vaccins, pourrait avoir un problème avec Klaus Schwab. Ce groupe pourrait comparer son apparence à celle d'un méchant de Bond, mais pour moi, l'homme a des traits aimables et bienveillants, des yeux pétillants et un réel désir de faire des cadeaux à l'humanité. En fait, mon propre surnom affectueux pour lui est 'Père

Klaus', tant je sens qu'il a nos meilleurs intérêts à cœur. Je pourrais certainement le voir dans un costume de Père Noël, des enfants à ses pieds et sur ses genoux, et lui leur demandant quel rappel ils veulent pour Noël.

Voilà pour l'idée d'une 'Grande Réinitialisation' dystopique. J'espère que vous pouvez maintenant voir que c'est seulement quelque chose à embrasser. Mais, en plus de la belle vision contenue dans les idées de Klaus, je crois moi-même que je peux aussi ajouter quelques idées supplémentaires pour faire de la prochaine période de l'humanité une période vraiment dorée. Vous souvenez-vous, au début, que j'ai mentionné que je ressentais le besoin de faire une grande éjaculation ? Eh bien, c'est à cela, enfin, que j'en viens maintenant...

## LA GRANDE ÉJACULATION DE TERMONFECKIN

N'ai-je pas lu l'autre jour que nul autre que M. Bill Gates lui-même est en train d'écrire un livre sur la façon de gérer la prochaine pandémie et que l'OMS demande à tous les pays de signer un traité sur les pandémies ? De même, j'espère que les cinq points suivants que nous, à l'Institut d'Expertise de Termonfeckin, avons élaborés en détail pourront s'intégrer au travail remarquable présenté par les sommités de l'OMS, M. Gates et, bien sûr, cher Klaus et tous ses amis du WEF. Et donc, sans plus tarder, je vous présente...

## 'La Grande Éjaculation de Termonfeckin'

## 1. Nous avons besoin de confinements climatiques maintenant !

J'aime les pandas. J'aime les koalas. J'aime les graines de chia et j'aime le chou frisé. Mais je reconnais que tout le monde n'est pas aussi sensible à l'environnement que moi et c'est pourquoi je propose que les gens soient forcés de faire ce qu'il faut pour prévenir le changement climatique, qu'ils le veuillent ou non. Et, tout comme pour tout ce qui est finalement meilleur pour quelqu'un, ils aimeront leur nouveau mode de vie en un rien de temps. Baies de goji et pollen d'abeille activé pour le petit-déjeuner, fausse viande et chou frisé pour le déjeuner et insectes au barbecue pour le dîner, qu'est-ce qu'il n'y a pas à aimer ?

De même, nous devons interdire la viande des repas scolaires. Pour le bien de notre planète, nous devons encourager nos enfants à être de petits anges éthiques et nous devrions donc les informer que pour chaque bouchée de viande qu'ils mangent, une petite fille en Afrique meurt du changement climatique.

Bien sûr, parfois les enfants doivent être persuadés de manière plus créative, surtout ceux qui, pour une raison étrange, aiment bien le goût de la viande. Mais voici le truc : il n'y a rien que les enfants aiment plus que péter. C'est absolument hilarant et ça les fait rire aux éclats. Alors laissez-les manger des montagnes de lentilles et de haricots et dites-leur de profiter des effets de dégagement de gaz autant qu'ils le souhaitent. Et une fois que leurs rires se sont tous calmés, profitez-en pour leur transmettre le message important que moins de vaches sont élevées pour l'abattage, moins de pets de vache sont émis dans l'atmosphère et que le choix de repas compatissant et amusant qu'ils viennent de faire a positivement contribué à une réduction nette des émissions de méthane.

En bref, l'un des meilleurs effets secondaires des confinements Covid a été la réduction drastique des niveaux de pollution, tant sur les routes que dans l'air. À partir de maintenant, nous devons rationner, voire limiter complètement, l'utilisation des voitures privées et contrôler exactement ce que les gens mangent, de peur que notre planète n'explose à cause de l'accumulation de $CO_2$. Le temps presse. Vous savez, l'idée d'une monnaie numérique de banque centrale pourrait être très pratique pour les confinements climatiques... les gens pourraient avoir une certaine 'allocation' d'essence ou de viande. Un steak par mois et rien de plus, comme M. Biden lui-même l'a suggéré, aussi emblématique des effets neurologiques d'un régime pauvre en viande que l'on puisse espérer trouver. Les confinements sont une politique sociétale merveilleusement adaptative et nous devrions veiller à ne pas limiter leur utilisation uniquement au Covid... et donc j'exhorte les dirigeants du monde entier à les utiliser pour sauver la planète de toute urgence !

## 2. S'il vous plaît, dites-nous simplement quoi faire

Qui d'entre nous ne souffre pas d'une petite angoisse existentielle ? Pour moi, cela a été complètement guéri par la pandémie. Je veux dire, il n'y a rien de tel qu'un gouvernement nous confinant chez nous sous peine d'arrestation avec l'ordre de regarder Netflix et de commander des plats à emporter pour résoudre cette angoisse en un clin d'œil. De tels scénarios apportent ordre, sens et but à nos vies, là où il n'y en avait pas auparavant. Viktor Frankl, mange ton cœur... au 21e siècle, les réponses aux questions les plus profondes de la vie arrivent toutes faites. Pensez seulement aux factures de thérapie économisées !

Nous avons donc besoin de plus de cela à l'avenir, s'il vous plaît. La vie est déjà assez difficile sans avoir à comprendre ce que tout cela signifie. Et les plats à emporter sont délicieux de toute façon.

## 3. Nous sommes tous plus attentionnés et compatissants que nous le pensions

Vous souvenez-vous qu'il y a quelques années encore, nous pensions tous que nous étions plus seuls que jamais, plus isolés que jamais, privés de compagnie humaine et vivant dans un monde capitaliste insensé dont toutes les priorités étaient inversées ?

Oh, comme le Covid a tout changé ! En effet, qui d'entre nous n'a pas ressenti, en s'isolant pendant quinze jours, ou en regardant par la fenêtre des rues vides : "Nous sommes tous dans le même bateau... nous faisons cela les uns pour les autres." Oh, Maggie Thatcher, la société existe bel et bien ! Je parie que le Covid vous fait vous retourner dans votre tombe.

Et cette compassion s'est avérée être une compétence transférable. En effet, lorsque j'ai appris pour la première fois la tragédie qui se déroulait en Ukraine, j'ai peint ma maison en jaune & bleu afin de montrer à tous à quel point je me soucie de leur situation (ce qui est énormément, d'ailleurs).

Et dès que j'ai appris que des réfugiés allaient arriver, j'ai contacté mes autorités locales pour dire que j'avais des chambres disponibles. Et bien sûr, pas plus tard qu'hier,

Olga et son fils adolescent, Igor, sont arrivés. Le seul petit hic, c'est qu'ils ont mentionné qu'ils n'étaient pas vaccinés, à quel moment j'ai appelé la fourrière pour demander si je pouvais faire un échange, mais on m'a dit que je devrais me débrouiller. J'ai alors suggéré à Olga qu'elle pourrait envisager de se faire vacciner, juste les deux premières doses, elle pouvait laisser les trois rappels si elle voulait, mais elle a répondu 'Pas sur mon cadavre ! Nous fuyons les dirigeants totalitaires et leurs diktats, merci beaucoup' et des mots de ce genre, pour être honnête, tout est devenu un peu incontrôlable. Quoi qu'il en soit, il est devenu tout à fait clair qu'ils n'étaient pas partants, mais heureusement, ils ont accepté de rester dans leurs chambres pendant quelques semaines pendant que je m'efforce de les reloger.

En tout état de cause, mon propos est qu'il ne devrait pas vraiment être surprenant que nous soyons tous généralement remplis de la bonté humaine ces jours-ci. Je veux dire, bien sûr, n'avons-nous pas tous des principes éthiques qui coulent dans nos veines ? Fini les époques de discrimination, de ségrégation ou de forcer les gens à faire des choses à leur corps qu'ils ne veulent pas faire. Mon corps, mon choix. Il n'est vraiment pas étonnant pour moi que les crimes contre l'humanité perpétrés par les anti-vaccins aient conduit à un soutien généralisé parmi les bien-pensants d'entre nous pour la vaccination obligatoire et pour maintenir ces illuminés aussi loin que possible du reste d'entre nous. Je parie que même si nous les maîtrisions et les injections de force, ils n'exprimeraient même pas un minimum de gratitude pour les bienfaits manifestes pour la santé qui en résulteraient. Une vraie plaie, tous autant qu'ils sont.

## 4. La guerre de l'information est la moitié du combat

Nous avons tellement de chance de vivre à notre époque. Imaginez si le Covid était survenue il y a 300 ans. L'épidémie à Wuhan aurait probablement été rapportée dans *The Times* seulement deux mois plus tard et sans doute juste dans une petite nouvelle en bas de la page 7. Et bien sûr, à ce stade, le virus aurait déjà atteint Londres et tous ses médecins auraient eu l'impression erronée qu'ils assistaient simplement à une mauvaise année de grippe et auraient sans doute traité leurs patients sur cette hypothèse. Et ainsi, tout le monde n'aurait rien su et aurait probablement continué sa vie normalement, un cas d'ignorance n'étant pas le bonheur aussi évident que vous pouvez l'imaginer.

Et bien sûr, au fin fond de la plaine américaine, des jungles mayas ou des Andes, personne n'en aurait jamais entendu parler du tout, tandis que les tribus pastorales de Tanzanie auraient continué leur élevage de chèvres, ignorant catastrophiquement le danger mortel dans lequel elles (et leurs chèvres) se trouvaient.

Maintenant, pouvez-vous honnêtement imaginer quelque chose de plus horrible qu'un tel scénario ? Une telle possibilité me semble être la dystopie de toutes les dystopies, pour être tout à fait franc.

Nous devrions donc tous être reconnaissants que les gouvernements et les entreprises technologiques aient pu nous informer de tout ce qui concerne le virus, les derniers décès et le nombre de cas, et exactement comment nous devrions penser à ses diverses manigances. Je ne me souviens plus du nom de la sommité qui a dit qu'il n'y a rien de tel qu'une radio dans chaque foyer pour que tout le monde se plie avec enthousiasme aux ordres de son gouvernement, mais c'était un sacré génie, c'est sûr. Alors, vive la fusion toujours plus étroite des grandes technologies et des gouvernements ! Hip, hip, hourra !

## 5. Nous devons être plus fermes avec les anti-vaccins dès le départ

Je ne sais pas pour vous, mais j'ai trouvé absolument horrifiant d'apprendre qu'il existait tant de personnes adeptes du chapeau en papier d'aluminium et d'une disposition conspirationniste. À mon avis, cela soulève clairement la question de savoir pourquoi ces personnes n'ont pas été surveillées de près depuis le début. Par exemple, pourquoi les gouvernements sont-ils heureux de surveiller les terroristes présumés mais pas les anti-vaccins ? Bien sûr, les terroristes ne sont responsables que de la mort d'une poignée de personnes de temps en temps, alors que les anti-vaccins sont sans doute responsables de millions de morts dans le monde et, à ce titre, représentent une menace bien plus grande pour la sécurité nationale de tout gouvernement. Donc, au minimum, ces personnes doivent être surveillées aux côtés d'autres terroristes.

Cependant, je suis fermement d'avis que les gouvernements doivent aller beaucoup plus loin en ce qui concerne le problème des anti-vaccins. En particulier, ma principale recommandation est que les anti-vaccins soient obligés de porter des chapeaux en papier d'aluminium en public afin que les citoyens bons et respectueux des lois sachent garder leurs distances. Ce n'est pas seulement parce qu'être trop proche pourrait risquer une exposition à des gouttelettes dangereuses en suspension dans l'air, mais aussi parce que cela pourrait entraîner le risque de capter leurs opinions étranges, que ce soit en entendant leurs marmonnements névrotiques ou simplement parce que leur comportement transmet naturellement une certaine vision contraire du monde. De même, je pense que des camps spéciaux devraient être construits où les non-vaccinés volontaires pourraient vivre pendant toute la durée de toute pandémie et s'infecter mutuellement autant qu'ils le souhaitent. Je me suis toujours demandé à quoi servait exactement le comté d'Offaly, par exemple… ne pourrait-il pas être transformé en un camp à grande échelle pour les non-vaccinés ? À mon avis, ce serait une solution plus qu'adéquate et, espérons-le, finale au problème des anti-vaccins.

Voilà, ce sont les cinq points principaux de la Grande Éjaculation de Termonfeckin, tous devant être mis en œuvre de toute urgence, non seulement parce que le Covid ne va nulle part, mais parce qu'il existe déjà de nouvelles menaces sanitaires à l'horizon immédiat. Comment l'appelaient-ils, la variole du singe ou quelque chose comme ça ? Nous devons clairement développer un vaccin pour cette nouvelle maladie en priorité absolue et, bien sûr, des passes sanitaires pour la variole du singe, où les gens doivent prouver non seulement qu'ils sont vaccinés, mais aussi qu'ils ne sont pas un singe. En fait, j'ai vu un cas très triste de ce qui est probablement une nouvelle sorte de peste l'autre jour, un type à la périphérie de Termonfeckin, braillant tout seul, souffrant sans doute du premier cas mondial de Variole de l'Âne. Nous vivons dans un monde très dangereux, de cela nous pouvons tous être sûrs et nous devons être prêts à toutes les éventualités.

Mais aussi dangereux que soit le monde, je suis toujours très optimiste quant à son avenir, principalement grâce aux visionnaires qui nous guident dans la bonne direction. En effet, pas plus tard que l'autre soir, j'ai fait le plus beau, le plus merveilleux des rêves sur notre avenir collectif....

## LE RÊVE D'OISÍN DE L'AVENIR : LE MONDE EN 2030

Écoutez, je sais que parler de toutes ces absurdités anti-vaccins a probablement été un peu déprimant par moments, mais je souhaite terminer ce livre sur une note vraiment positive. En effet, pour le dire simplement, je crois qu'il y a tant de choses à attendre avec impatience. Compter mes bénédictions avant que quelqu'un ne leur donne un coup de hache a toujours été l'un de mes passe-temps favoris et j'ai été tellement aux anges ces derniers temps que même mon subconscient s'en est mêlé. En effet, j'ai fait le plus merveilleux des rêves l'autre nuit. Cela me donne encore la chair de poule quand j'y pense. Je souhaite le consigner ici comme une représentation prophétique du monde en 2030, une représentation qui, j'espère, je prie et je crois, se réalisera....

*"Il est tôt le matin et je viens de me réveiller. Comme toujours, j'aime parler à ma chère femme dès le matin, il n'y a rien de tel que de murmurer des mots doux et de partager des rêves sur ceci et cela tandis que les pieds rosés de l'aube se lèvent sur la ville. Et donc j'ouvre immédiatement Zoom et je l'appelle.*

*"Assumpta, chérie, comment ça va là-haut dans le grenier ?"*

*"Ah, bien sûr, c'est super, Oisín. On pourrait penser qu'on s'en lasserait après un an, mais en fait il y a toujours une toile d'araignée à nettoyer et bien sûr tu peux voir la montagne de pulls que j'ai tricotés derrière moi."*

*"Et tu ne t'ennuies pas du tout, n'est-ce pas, ma chérie ?"*

*"Bien sûr que non. Je veux dire, nous devons tous faire notre part et si les experts disent que nous devons tous rester dans des pièces séparées afin d'aplatir la courbe, alors c'est exactement ce que nous devons faire, n'est-ce pas ?"*

*"Cette courbe sera aplatie un jour, Assumpta, et quel jour ce sera !"*

*"Oh, ce sera la courbe la plus plate de tous les temps, ma chérie ! J'ai hâte... ah, attends, il est 8 heures du matin, n'y a-t-il pas une annonce maintenant de notre Leader Mondial à Vie ?"*

*"Oh, mais oui ! Bien vu, j'allume la radio maintenant."*

*'Et nous passons maintenant en direct en Suisse où notre glorieux Leader Mondial à Vie s'adresse au Protectorat des Îles Celtiques.*

*"Bonjour, mes petites brebis. Comment allez-vous aujourd'hui ? J'ai de si merveilleuses nouvelles pour vous tous. En effet, il semble que la situation actuelle avec le sous-variant Omega Plus Plus Plus za.3 se stabilise à travers le Protectorat des Îles Celtiques, à l'exception de la région de Galway. Par conséquent, ce n'est qu'une question de courte durée, peut-être seulement quelques mois, avant que la socialisation au sein des foyers ne soit à nouveau autorisée et, en effet, que les citoyens soient autorisés à se tenir sur le pas de leur porte. Si tout continue à bien se passer, de courtes promenades jusqu'au portail pourraient être envisageables au début de l'été.*

*Mais mon message de ce matin n'est pas entièrement positif. À ceux d'entre vous qui n'ont pas répondu à l'appel pour recevoir votre 52^e^ rappel, même après notre deuxième avertissement, nous avons un message très important. Regardez dehors, oui, tout de suite, c'est ça... que voyez-vous ? Voyez-vous ces hommes debout devant votre maison en combinaisons Hazmat ? Ce sont vos agents locaux de protection Covid et ils sont là pour vous emmener. Adieu, vous, vilaines, vilaines petites brebis qui ne vouliez plus faire partie du troupeau, adieu..."'*

*L'émission se termine et j'entends des cris. Je me précipite à la fenêtre et regarde dehors. "Oh mon Dieu, Assumpta, ce sont nos voisins, Séan et Sandra, ils sont emmenés par une équipe d'agents de protection Covid !"*

*"Oh, quelle horreur, Oisín, dans quel monde vivons-nous maintenant...."*

*"Je sais, dire que nous vivions à côté d'anti-vaccins tout ce temps !"*

*"C'est trop horrible à envisager. Mais, d'un autre côté, je me sens tellement plus en sécurité maintenant que je sais qu'ils sont partis."*

*"Moi aussi. La sécurité avant tout ! Dis, tu as assez de provisions là-haut, ma chérie ?"*

*"Oh absolument, j'ai plein de lentilles en conserve pour tenir le coup. Et je pense que je prendrai du chou frisé et des œufs végétaliens pour le petit-déjeuner. Je ne sais toujours pas comment ils ont réussi à les faire, on ne pourrait jamais dire qu'ils ne viennent pas d'une poule. Et il n'y a pas de cholestérol dedans !"*

*"Mais est-ce vraiment une surprise, Assumpta, quand on pense à ce qu'ils ont pu faire avec les vaccins, maintenant modifiés avec succès pour la 33^e^ fois pour faire face à tous les variants que le Covid, le diable qu'elle est, a essayé d'inventer..."*

*"Tu as tellement raison, Oisín. Mon Dieu, quelle chance nous avons d'être en vie en ces temps."*

*"Oui, oui, tellement, tellement de chance."*

Et sur ce, je me suis réveillé, tout sourire, une douce chaleur sur tout mon corps.

Ah, que tout cela se réalise et que nous ayons tous cette chance !

Alors rejoignez-moi, cher lecteur, et faites comme moi, et battez-vous... battez-vous pour notre avenir ! Car n'est-il pas vrai, comme je crois que cela a été dit un jour dans Toy Story, qu'il n'y a pas assez d'obscurité dans le monde entier pour éteindre la lumière d'une petite bougie.[1]

# NOTES

## 2. Chapitre 2: Les nombreuses joies & bénédictions du confinement

1. 'Efficacité de l'ajout d'une recommandation de masque aux autres mesures de santé publique pour prévenir l'infection par le SRAS-CoV-2 chez les porteurs de masque danois : un essai contrôlé randomisé'

## 3. Chapitre 3: Les guides d'Oisín pour...

1. LIEN NE FONCTIONNE PAS.

## 4. Chapitre 4: Le panthéon du confinement

1. Ha ha, bien joué Oisín (Éd.).

## 5. Chapitre 5: Le panthéon de la honte du confinement

1. Tel que rapporté dans le journal *The Sun* le 3 juin 2020.
2. S'il te plaît, Oisín, ne te dévalorise pas (Éd.).

## 6. Chapitre 6: Retroussez vos manches tout le monde!

1. À partir de la marque des 2 min 30 dans sa mise à jour Covid ici : www.facebook.com/jacindaardern/videos/in-case-you-missed-the-details-of-our-omicron-response-package-quick-update/309617111058801/
2. À l'exception de Robert Malone bien sûr (un scélérat dont nous traiterons dans le prochain chapitre).
3. Trad: 'Empreinte immunitaire, étendue de la reconnaissance des variants et réponse du centre germinatif dans l'infection et la vaccination humaines par le SRAS-CoV-2.'
4. Honnêtement, Oisín, tu es un sacré numéro ! (Éd.)

## 7. Chapitre 7: Entrée des anti-vaccins!

1. Je réfute cet article extravagant dans le prochain chapitre.
2. Je tiens à consigner, en tant que Prévôt de l'Institut d'Expertise de Termonfeckin, que j'ai généralement été émerveillé par les développements émanant de l'Université de Bristol ces derniers temps, un établissement d'enseignement jusqu'alors grossièrement sous-estimé. Par exemple, ils ont récemment été la première université au monde à clairement indiquer qu'ils ne toléreraient aucune discrimination envers tout étudiant ou membre du personnel qui s'identifie comme un chat, c'est-à-dire ceux qui sont 'catgenre'. Nul doute que ces étudiants disposeront de toilettes séparées avec bac à litière où ils pourront enfin répondre aux appels de la nature comme la nature elle-même l'a voulu. En effet, l'exemple de Bristol m'a donné l'intention de réfléchir à la manière dont nous aussi, au T.I.E., pouvons devenir plus accommodants envers ceux de nos étudiants qui font partie de la communauté CDLWQ+ (c'est la communauté ChatChienLynxLoup-Questionnement + au cas où vous ne le sauriez pas déjà, espèce de bigot).

## 8. Chapitre 8: Démolier les myths anti-vaccins

1. Trad: 'Épidémiologie de la myocardite/péricardite aiguë chez les adolescents de Hong Kong après la vaccination Comirnaty'

## 9. Chapitre 9: Les faux remèdes contre le Covid

1. Euh, Oisín, c'était en fait une mortalité 'diminuée'. Devrions-nous vraiment laisser cela ? (Éd.)
2. Tel que rapporté dans l'*Irish Examiner*, le 19 février 2021 ('Vitamine D : la vitamine du soleil peut-elle aider à éclipser le Covid ?')

## 10. Chapitre 10: La Grande Réinitialisation (ou 'Le Plan Indispensable pour Sauver l'Humanité d'Elle-même)

1. N'est-ce pas Tolstoï qui a dit cela, Oisín ? (Éd.)

www.ingramcontent.com/pod-product-compliance
Lightning Source LLC
Chambersburg PA
CBHW051945290426
44110CB00015B/2121
*9780947874155*